GUIDE DU VOYAGEUR

A CONSTANTINOPLE

ET DANS SES ENVIRONS.

IMPRIMERIE DE E. DUVERGER,
Rue de Verneuil, n° 4.

GUIDE

DU VOYAGEUR

A CONSTANTINOPLE

ET DANS SES ENVIRONS,

CONTENANT :

L'HISTOIRE DE CETTE CAPITALE DEPUIS SA FONDATION
JUSQU'A SA CONQUÊTE PAR MAHOMET II,
L'INDICATION ET LA DESCRIPTION DES LOCALITÉS LES PLUS REMARQUABLES;
DES RECHERCHES HISTORIQUES SUR LES PRINCIPAUX MONUMENTS,
ET EN GÉNÉRAL
TOUT CE QUI PEUT ÊTRE UTILE AU VOYAGEUR.

PAR

FRÉDÉRIC LACROIX

(DE L'ILE-DE-FRANCE).

AVEC UN PLAN DÉTAILLÉ DE CONSTANTINOPLE,

Gravé et Colorié.

PARIS

BELLIZARD, DUFOUR ET Cie, ÉDITEURS,

1bis, RUE DE VERNEUIL.

1839

CONSEILS AUX VOYAGEURS.

En arrivant à Constantinople, le voyageur ne doit point s'attendre à trouver dans cette capitale toutes les ressources qu'offrent les grandes villes d'Occident. Toutefois l'industrie des nations civilisées s'y est assez largement installée depuis quelques années pour assurer aux étrangers toutes les commodités de l'existence matérielle.

Ainsi le quartier de Péra, consacré aux Francs, possède des hôtels où l'on est convenablement hébergé à un prix raisonnable ; de sorte que l'on retrouve la vie européenne à côté des usages d'Orient.

Le voyageur qui aura l'intention de séjourner plus d'un mois à Constantinople fera bien de louer une chambre dans une heureuse situation ; dans ce cas, il devra déterminer son choix d'après l'exposition de l'appartement, car il lui importe d'être à l'abri du souffle pestilentiel du vend du sud.

Quand il voudra essayer du genre de vie des Orientaux, il se fera conduire à un restaurant turc, où, pour soixante-dix ou quatre-vingts paras[1], on lui servira d'excellent mouton rôti, une eau limpide et des fruits savoureux. Dans toutes ses excursions, il rencontrera des cafés où des rafraîchissements variés lui seront offerts, et s'il connaît quelque Franc domicilié depuis longtemps à Constantinople, il est certain de trouver une hospitalité empressée chez les personnes à qui il sera recommandé, de quelque nation qu'elles soient.

Un des premiers besoins et un des premiers désirs du voyageur, c'est de prendre un bain turc ; il a si souvent entendu vanter les charmes de cet usage oriental, qu'il a grande hâte d'en jouir. Comme l'étrangeté de cette opération pourrait lui causer des surprises peu agréables et le mettre dans un singulier embarras, voici, pour sa gouverne, le détail d'une séance au bain, avec l'indication de quelques précautions hygiéniques d'une utilité réelle.

En entrant dans la première salle de l'établissement, le hammamdgi [2] fait conduire le nouveau venu au lit qu'il lui destine. Au centre de la pièce est une fontaine, et tout

---

(1) Le *para* est une petite monnaie d'argent chargée d'alliage, extrêmement mince et valant un peu moins d'un centime. La *piastre* vaut actuellement 25 centimes environ. Il en faut trois pour faire un *roubié*, petite pièce d'or. Du reste, on ne saurait déterminer avec précision la valeur des monnaies turques, attendu qu'elle varie sans cesse et suivant le caprice du gouvernement. La piastre en est l'exemple le plus frappant : après avoir valu 3 francs, elle ne représente plus que 5 sous. = On trouve aussi en circulation à Constantinople certaines monnaies européennes, entre autres le thalari. — Le voyageur échangera facilement ses pièces d'or et d'argent contre des monnaies du pays.

(2) *Chef du bain.*

autour règne une estrade supportant des matelas et des coussins ; c'est sur cette banquette qu'on se déshabille. Le garçon de bain vous présente une serviette que vous placez autour de vos reins en manière de tablier ; puis on vous en met une autre pliée en huit sur la tête. En descendant de l'estrade, vous chaussez des sandales qu'une petite courroie fixe à vos pieds.

La seconde pièce où l'on vous fait entrer est chauffée à une température plus élevée ; ici l'on stationne jusqu'à ce que la sueur, arrivant peu à peu à la peau, ruisselle enfin le long du corps. Alors commencent les opérations les plus importantes.

On vous conduit dans une troisième salle qui reçoit le jour par des verres circulaires placés dans la voûte. En entrant, on sent que la chaleur est beaucoup plus élevée que dans la pièce précédente. Tandis que les garçons de service sont occupés par les autres baigneurs, on s'assied, on fume et on prend du café [1].

Votre tour est venu ; un garçon s'empare de vous pour vous masser. Il examine d'abord, en vous touchant de la main, si la peau est convenablement disposée. S'il juge le moment favorable, il vous invite à vous étendre sur une plaque de marbre blanc qui se trouve au milieu de la salle, à trois pieds au-dessus du carreau, et que chauffe un four construit en-dessous. Vous vous mettez à la renverse sur cette table, mais avec précaution, car vous risqueriez de vous brûler contre les parties trop chaudes

---

(1) L'élévation de la température donne ordinairement au tabac et au café une saveur qui n'a rien d'agréable. L'un et l'autre offrent plutôt une distraction qu'un plaisir.

de la plaque de marbre. Avant de commencer, le garçon tente une dernière épreuve : il vous frappe assez fortement l'épaule ou la cuisse, et si le bruit produit par l'air comprimé fait résonner la voûte, il n'hésite plus.

Les sensations que vous fait éprouver le massage sont loin d'être agréables. Cette pression des muscles, cette manipulation des chairs et des membres ne laisse pas d'être douloureuse. Le *coup de grâce* est surtout redoutable ; cette dernière manœuvre consiste à faire craquer les articulations en appuyant fortement le genou au milieu des bras croisés sur la poitrine.

Le massage dure ordinairement vingt minutes. Cette torture achevée, on se repose un instant, puis on pénètre dans une nouvelle salle, où vous attendent des impressions plus douces. Un garçon vous verse sur la tête de l'eau chaude en abondance ; cela fait, il vous frictionne vigoureusement avec sa main que couvre un gant de crin assez rude.

Les douches et les frictions se répètent jusqu'à ce que vous soyez parfaitement nettoyé et que l'épiderme laisse voir le sang circuler dans les veines.

Vous passez encore dans une autre salle où l'on vous lave de la tête aux pieds avec de l'eau parfumée de savon de Candie. Après qu'on vous a épongé avec une poignée d'étoupes, on place devant vous un vase plein de la même eau savonneuse, dont vous lavez les parties du corps que cachait la serviette mise autour de vos reins.

La séance est terminée ; le garçon vous ceint une nouvelle serviette ; avec une autre, il vous essuie la tête et le corps ; puis il vous enveloppe de linges et vous mène à la

pièce où vous êtes entré en arrivant. Vous vous couchez
dans un lit garni de coussins qui vous obligent à tenir la
tête haute, pour prévenir les congestions au cerveau. Peu
à peu l'agitation causée par la chaleur, le massage et les
frictions, fait place à un calme qui vous permet de vous
livrer au sommeil. Le garçon vient enlever les linges
humides dont vous êtes couvert et les remplacer par de
nouveaux qui achèvent de vous sécher. On vous offre,
comme dans la troisième salle, la pipe et une tasse
de café; puis enfin, lorsque vous vous sentez assez re-
froidi pour sortir sans danger, vous vous habillez et appe-
lez le garçon, qui vous présente un miroir, sur lequel vous
déposez le prix du bain.

Il est bien entendu qu'on est libre de ne pas prendre un
bain complet, et que les personnes qui ne peuvent pas
supporter le massage ont le choix entre la friction et la
lotion simple [1].

Il est des précautions dont on ne saurait se dispenser
avant et après le bain sans s'exposer à de graves indispo-
sitions. L'expérience a prouvé qu'il était nécessaire, avant
le bain, de dégager le corps de toutes les matières qui ne
doivent pas y séjourner longtemps. Il faut aussi être
exempt de toute tendance permanente ou momentanée à
une irritation des organes essentiels. Après le bain, il est

(1) Les pauvres à Constantinople peuvent prendre des bains comme
les riches. Grâce à la piété charitable de quelques musulmans, l'in-
digent peut, dans certains établissements de bains, se faire fric-
tionner, masser et parfumer, sans qu'il lui en coûte autre chose qu'un
remercîment et une prière pour celui à qui il est redevable de ce
bienfait.

indispensable de se couvrir de vêtements chauds, surtout
en hiver. On fera bien aussi de rentrer chez soi, de se
mettre au lit et de prendre une tasse de thé très léger ; on
dort ensuite d'un sommeil plein de charmes et l'on se ré-
veille aussi dispos d'esprit que de corps [1].

Le séjour de Constantinople exige, du reste, des précautions générales auxquelles les étrangers doivent se
résigner. Le climat de cette capitale est extrêmement
variable, et la température y subit des changements si
brusques qu'on y passe, dans certaines saisons, du froid
à la chaleur, et réciproquement, avec une rapidité singulière. L'hiver est long et pluvieux. Ce n'est que dans le
courant du mois d'avril que l'on commence à sentir l'atmosphère se réchauffer. Le voisinage de la mer Noire, de
la forêt de Belgrade et des monts Caucasiens, longtemps
couverts de neige, est la cause de cette prolongation de
la saison froide. Le temps se met ordinairement au beau
vers la fin de mai et se maintient magnifique pendant le
mois de juin et de juillet. Ce n'est que lorsque le sirocco,
ou vent du sud, a remplacé la tramontana que la chaleur
devient insupportable. Il faut alors se livrer avec circon-
spection au plaisir de boire de l'eau glacée et de s'exposer
aux courants d'air.

Ces variations de température obligent les habitants de
Constantinople, et surtout les personnes qui ne sont pas
acclimatées, à une prudence extrême. Si, pendant le prin-

---

[1] Ces détails sont extraits en abrégé de l'ouvrage du docteur
Bruyer sur Constantinople. Ce livre, que nous aurons plus d'une fois
besoin de consulter, se trouve, à Paris, chez BELLIZARD, DUFOUR, et Cⁱᵉ,
libraires, rue de Verneuil, nᵒ 1 bis.

temps, on se met en course légèrement vêtu, sur la foi d'un air doux et d'un ciel pur; on risque de rentrer chez soi transi de froid, par suite d'un orage venu du Pont-Euxin ou d'un brouillard subitement formé. Il faut donc, pour se prémunir contre les accidents qui sont la suite ordinaire d'un refroidissement, s'observer comme si l'on se trouvait en France ou en Angleterre pendant la saison la plus inconstante.

Les mesures hygiéniques sont d'une nature différente en temps de peste. C'est vers la fin de juillet que ce fléau, qui a pris possession de l'Orient, frappe ses premières victimes. A cette époque les vents du nord cessent de souffler, chassés par le sirocco, ou *lodos*, dont l'influence délétère se fait aussitôt sentir à Constantinople et dans les environs. Ce changement atmosphérique annonce le règne de l'extrême chaleur et de la peste.

Toutefois l'époque caniculaire se passe quelquefois sans que la terrible maladie se soit montrée; elle a même, à différentes reprises, épargné la capitale plusieurs années de suite. Mais c'est là l'exception, et il ne faut pas se fier à ces précédents sur le retour desquels on ne peut compter dans aucun cas.

Les précautions indiquées pour prévenir les atteintes de la peste sont fort simples : il faut, si l'on ne se retire pas à la campagne, rester autant que possible chez soi, éviter tout contact matériel avec les gens du dehors, faire de fréquentes fumigations dans l'appartement qu'on occupe, s'abstenir de viande de porc, ne toucher aux pièces de monnaie qui ont longtemps circulé qu'après les avoir trempées dans l'eau, ne se servir d'aucune étoffe nouvellement achetée qu'après l'avoir exposée à l'humidité de la nuit , ne faire usage que de papier préalablement soumis à la fumée du vinaigre , fuir avec soin les quartiers sales et malsains , et en général les localités exposées au vent du sud [1] ; enfin se garder des excès et faire des ablutions fréquentes. Les vêtements de taffetas gommé sont aussi recommandés comme préservatif ; mais il faut surtout ne point se laisser aller à d'inutiles frayeurs. Comme dans presque toutes les épidémies, l'état moral influe beaucoup, en temps de peste, sur le physique ; la tranquillité d'esprit est l'égide la plus sûre peut-être contre la maladie.

Les viandes , les substances animales , le pain chaud , les soies , le coton , les poils de chats se chargent facilement des miasmes pestilentiels.

L'huile est , dit-on , un préservatif : on a observé , en effet , que les marchands d'huile et les hommes qui portent habituellement des outres pleines de ce liquide étaient rarement atteints.

La peste exerce quelquefois des ravages tels que la terreur est générale parmi les habitants de toutes nations [2]. Le voyageur commettrait alors une imprudence en ne s'éloignant pas du foyer de la contagion.

Les habitants de Constantinople ne seraient pas obligés

(1) Telles que les villages de la rive européenne du Bosphore, entre autres Béchik-Tach, Orta-Keuï, Kourou-Tchesmè, Arnaout-Keuï, etc.

(2) On se rappelle surtout l'année 1812 pendant laquelle la peste enleva 160,000 personnes, dont 140,000 turcs et 84 Européens seulement.

à tant de précautions minutieuses si le gouvernement,
moins enclin à flatter les préjugés orientaux, ordonnait
les mesures sanitaires propres à prévenir l'invasion du
fléau ou à en amortir la violence. Mais il n'en est rien ;
dans toutes les circonstances périlleuses, le pouvoir abandonne la population à elle-même. Les mots sacramentels
d'*Allah Kerim !* (Dieu est grand) répondent à tout.

La fréquence des incendies à Constantinople témoigne
de cette insouciance du gouvernement pour les intérêts
généraux. Il serait si facile de rendre plus rares et moins
destructeurs les ravages causés par le feu dans cette capitale ! et cependant chaque année voit des amas de maisons, des palais somptueux, quelquefois même des quartiers entiers dévorés par les flammes. Ceci est un avertissement pour le voyageur qui traînerait à sa suite un riche
bagage. A Constantinople il faut n'avoir, en quelque
sorte, à déménager que sa personne.

Ce défaut de sollicitude de la part des gouvernants pour
les gouvernés explique d'autres abus non moins graves nés
de la tolérance de la police municipale. Les vols multipliés
qui se commettent au vu et au su de tout le monde restent le plus souvent impunis. Enhardis par la négligence
ou le mauvais vouloir de l'autorité, les malfaiteurs redoublent d'audace et augmentent tous les jours en nombre.
Dans l'hiver de 1837 à 1838, on était volé en pleine rue et
en plein jour, et personne n'allait au secours de la victime, parce qu'on avait tout à redouter des complices qui
se tenaient aux aguets dans les ruelles voisines. Cette
population de bandits se composait principalement de
Grecs de Morée et de l'Archipel, d'Albanais, de Dalmates,

de Septinsulaires [1], de Maltais, de Sardes, et même de Corses. Quand, par hasard, la police turque en arrêtait quelques-uns, les représentants des puissances sous la protection desquelles ils étaient placés les réclamaient aussitôt, dans la crainte que leurs priviléges ne tombassent en oubli. Une fois maîtres des coupables, les ministres étrangers se contentaient de les bannir ; mais ils ne tardaient pas à reparaître avec de faux passeports qui leur assuraient la protection d'autres puissances. La terreur était grande dans la capitale ; nul n'osait s'aventurer dans les rues de Péra et de Stamboul après le coucher du soleil. Cependant la clameur publique vint apprendre aux ambassadeurs et aux consuls européens qu'un pareil état de choses était devenu intolérable. Ils prirent alors l'initiative d'une démarche auprès du gouvernement, à qui ils demandèrent la répression de ces désordres, lui donnant l'assurance formelle qu'à l'avenir ils n'useraient plus de leurs prérogatives pour soustraire les coupables aux rigueurs de la loi musulmane. Le divan en délibéra, mais les mesures qu'il ordonna furent illusoires, et les habitants se virent, comme auparavant, menacés dans leur propriété et dans leur personne. Aujourd'hui les choses sont à peu près au même point ; aussi engageons-nous le voyageur à calculer son temps, dans ses excursions, de manière à rentrer chez lui avant l'heure où les malfaiteurs se répandent dans la ville.

Du reste, l'étranger sera sans doute médiocrement étonné de voir se pratiquer en grand à Constantinople ce

______

(1) Habitants des îles Ioniennes.

qui se fait en petit dans les capitales de l'Europe. Tout le
monde sait qu'à Paris, par exemple, les citoyens sont exposés à être, la nuit, dévalisés et même assassinés, et cela
dans les quartiers les plus fréquentés. Les précautions qu'il
aura à prendre en Orient n'auront donc pour le voyageur
rien d'inusité.

Il est d'autres inconvénients qui, à Constantinople, auront pour lui le piquant de la nouveauté. Ainsi il sera
étonné d'apprendre que les chiens sont dans cette ville un
des dangers des promenades nocturnes. Ces animaux, que
protégent les préjugés des musulmans, pullulent dans tous
les quartiers de Stamboul; le jour ils se tiennent cachés
dans des retraites où nul ne va les troubler; le soir ils
sortent par bandes nombreuses, dévorent tout ce qui
s'offre à leur voracité, poursuivant les Francs, pour
lesquels ils ont une haine particulière, et faisant retentir
les rues de leurs sauvages hurlements. Il arrive fréquemment que le promeneur attardé a ses vêtements déchirés
par ces chiens redoutables, heureux lorsqu'il ne rentre pas
chez lui les jambes ensanglantées et blessé dangereusement.
On se souvient encore à Péra de ce capitaine de la marine
marchande qui, au sortir d'un dîner copieux, fut frappé
d'apoplexie en regagnant son domicile et tomba sur la
place de Top-Khana, à une heure assez avancée de la
nuit. Le malheureux fut immédiatement assailli par les
chiens, dont le nombre est considérable dans ce lieu; le
lendemain on ne trouva plus à l'endroit où il était tombé
que des os à demi-rongés et quelques lambeaux de vêtements ensanglantés.

Il est donc prudent, lorsqu'on prévoit qu'on rentrera

après le coucher du soleil, de s'armer d'un bâton vigou-
reux pour disperser ces terribles ennemis. L'étranger
pourra même, pour plus de sûreté, prier le batelier qui
l'aura amené à Top-Khana de l'accompagner jusqu'à sa
demeure, ce qui ne lui sera jamais refusé et ne sera pas
pour lui un surcroît de dépense.

Ce qu'on vient de lire sur le commencement et la durée
de la belle saison à Constantinople suffira sans doute pour
indiquer à l'étranger l'époque à laquelle il devra entre-
prendre son voyage. S'il arrive dans le courant de mai,
il assistera au réveil de la nature orientale, au développement de la végétation sur les rives du Bosphore. Plus
tôt il trouverait à Constantinople la pluie et le froid;
plus tard il serait talonné par la saison des chaleurs et
de la peste. L'automne est aussi une époque favorable
pour aller visiter la capitale de l'Empire Ottoman. D'ordinaire, après les bourrasques de l'équinoxe, le temps se
remet au beau, et le vent du sud, qui alors a perdu une
grande partie de ses propriétés pernicieuses, donne au
ciel une pureté qu'il conserve parfois jusqu'en janvier.

Entre le printemps et l'automne le voyageur devra pré-
férer celle de ces deux saisons avec laquelle coïncidera
l'époque du Ramazan, ou au moins celle du Courban-
Baïram. Constantinople, en effet, prend, dans ces solennités, une physionomie toute particulière et s'anime d'une
vie inusitée. C'est le carême et le carnaval des Turcs,
avec l'étrangeté des mœurs musulmanes.

Le mois de Ramazan est consacré au jeûne par le Coran.
Pendant vingt-neuf jours tout vrai croyant est obligé de
s'abstenir de boire et de manger depuis le lever du soleil

jusqu'à la nuit. Il lui est même interdit de fumer et d'aspirer l'odeur d'aucun parfum. Ces prescriptions, qui sont un véritable supplice pendant les longues journées de la belle saison, sont scrupuleusement observées. Nul n'oserait y contrevenir, du moins publiquement, car il serait, comme apostat, puni du dernier supplice. Les voyageurs, les femmes enceintes, les malades même, en faveur de qui le prophète a fait une exception, ne se dispensent pas, pour le plus grand nombre, de ces devoirs religieux.

Le jour, abstinence complète ; mais dès que le canon a annoncé le coucher du soleil et la rupture du jeûne, le Musulman se dédommage par un ample souper des privations de la journée. Toutefois, il est juste de dire qu'il ne manifeste aucune impatience en attendant le signal qui doit mettre fin à son supplice quotidien. Une heure avant la nuit, il se rend au café ou sous l'ombrage d'un arbre ; il voit avec indifférence le Franc, auprès duquel il est assis, boire, manger et fumer. Lorsqu'il entend le canon, il se lève tranquillement, retourne à pas comptés à son domicile, sans que la moindre expression de joie se peigne sur sa figure.

Cependant la ville, si triste, si déserte durant le jour, se remplit de monde et étincelle de mille feux. Les illuminations des mosquées, la lumière des cafés et des boutiques, les falots des marchands de comestibles, entourent Constantinople d'une auréole éclatante qui éblouit les yeux et se reflète splendidement dans les flots du Bosphore, de la Corne-d'Or et de la Propontide. Des hauteurs de Péra, c'est un spectacle magique que la plume ne saurait peindre. Pendant que les Francs et les étrangers

se promènent gaîment dans les rues, les Musulmans
pieux sont en prières; il en est qui distribuent aux pauvres
le surplus de leur revenu; d'autres, mais en petit nombre,
oublient dans les voluptés de la gastronomie les fatigues
d'une longue abstinence. Aux premières lueurs de l'aurore, ceux qui ont dormi ou prié font une collation et
sortent pour vaquer à leurs occupations ordinaires.

La Pâque des Turcs ou *Petit-Baïram* dure trois jours,
qui terminent gaîment ce long et pénible carême. Cette
fête opère un changement subit dans le caractère et les
allures du Musulman. Son visage, ordinairement sérieux,
prend un air d'enjouement et de satisfaction intime. Il est
affable envers tout le monde, grands ou petits. Aux uns
il baise la main avec empressement; aux autres il
tend la sienne sans arrogance et sans arrière-pensée hu-
miliante; à tous il souhaite des jours heureux et les
félicités du paradis. Il pardonne à ses ennemis le mal
qu'ils lui ont fait et se rapproche de ceux dont il s'était
éloigné. Ses affaires, il les oublie; ses travaux, il les
ajourne à la fin de la fête. Ce sont trois jours de repos
absolu et de gaîté qui rompent l'uniformité de sa vie.

La lune du Zildidgi amène d'autres vacances. Soixante-
dix jours après la Pâque a lieu le *Grand-Baïram*, ou
fête des Sacrifices [1], qui dure quatre jours consécutifs.
Alors, comme pendant le Petit-Baïram, c'est un échange
sincère de souhaits et de compliments; la générosité et
l'oubli des injures sont de nouveau mis à l'ordre du jour.

---

(1) On appelle aussi cette fête *Courban-Baïram*. Elle a été instituée
en commémoration du sacrifice d'Abraham.

Les mosquées retentissent de prières et de la lecture du livre saint ; le Sultan lui-même va processionnellement et en grande pompe s'humilier devant la majesté divine. Les riches se visitent et se traitent magnifiquement ; les pauvres trouvent dans la charité publique ce qui leur manque pour imiter l'exemple de leurs supérieurs ; tout Constantinople est en gala et l'agneau pascal se retrouve sur toutes les tables.

A peine les quatre jours consacrés par le Coran sont-ils expirés, tout rentre dans l'ordre accoutumé ; la physionomie des Turcs reprend sa gravité ordinaire ; la ville redevient paisible ; chacun retourne à ses affaires, et il n'est plus question d'amusement jusqu'à l'année suivante.

Le Ramazan parcourt, dans l'espace de trente-trois ans, les différentes saisons de l'année. L'époque n'en est jamais déterminée longtemps à l'avance ; par conséquent il est difficile au voyageur de calculer le moment de son départ de façon à se trouver à Constantinople pendant les premiers jours de ces solennités ; mais il est toujours possible d'assister au Courban-Baïram et même aux dernières nuits du Ramazan, car on a vu que le jeûne durait un mois.

Voici comment on fixe l'ouverture du Ramazan et le retour des deux Baïram. On sait que ce sont les phases de la lune qui règlent, en Orient, la succession des mois. Quoique les connaissances astronomiques soient aujourd'hui assez répandues en Turquie pour que certains musulmans sachent calculer les révolutions lunaires, les prêtres des mosquées les plus élevées n'en sont pas moins tenus, comme autrefois, de passer la nuit sur les minarets pour épier le moment de la nouvelle lune, et c'est d'après leur déclaration qu'on dresse le calendrier turc. Mais ces mesures ne paraissent pas suffisantes pour les mois qui doivent ramener le jeûne solennel et les deux fêtes qui le suivent. En conséquence, le gouvernement charge deux personnes d'aller observer la lune du Ramazan du sommet de la montagne du Géant, située, comme on le verra plus tard, sur la rive asiatique du Bosphore. Le rapport des deux envoyés détermine l'époque du carême et des fêtes. Quand, par hasard, le ciel est nuageux ou l'atmosphère chargée de brouillards qui interceptent la lumière des astres, on en réfère au chef des astrologues (*munèdgim-bachi*), qui tranche la difficulté en affirmant que la lune a dû paraître à tel moment de la nuit. Sa déclaration suffit, et l'on proclame les trois époques solennelles.

Nous nous sommes étendus sur ce point par deux motifs faciles à concevoir : d'abord pour guider les observations de l'étranger qui se trouvera à Constantinople pendant le Ramazan et les Baïram ; en second lieu, pour dédommager, autant que possible, par une description exacte, celui qui sera privé du plaisir d'y assister.

Nous terminerons ici ce *memorandum* succinct à l'usage des voyageurs. Ils suppléeront par une expérience personnelle, acquise sur les lieux mêmes, aux détails qui n'ont pu trouver place dans cette introduction.

GUIDE DU VOYAGEUR
A CONSTANTINOPLE.

LES DARDANELLES ET LA PROPONTIDE.

En entrant dans le détroit des Dardanelles (l'ancien Hellespont), qui joint l'Archipel ou Mer Blanche à la Propontide, on sent se ralentir la marche du navire. C'est l'effet des courants dont la violence est très grande dans cet étroit passage, et des vents contraires qui soufflent fréquemment. Tandis que le vaisseau lutte péniblement contre les flots précipités du détroit, jetons un coup d'œil rapide sur les rives. Les souvenirs poétiques qui peuplent ces parages sont assez attachants pour abréger les heures de la traversée.

1

A l'entrée du canal, les regards du voyageur se portent, à droite, sur la plaine où s'élevait autrefois la ville célébrée par Homère, et que borne à l'horizon la chaîne du mont Ida. Depuis longtemps Troie n'existe plus que dans la mémoire des nations, et l'on chercherait vainement, sur le lieu qu'elle occupa, quelque vestige de cette cité fameuse. Les tombeaux d'Achille et de Patrocle, humbles tertres isolés dans ces solitudes, rappellent seuls la lutte sanglante où succombèrent ces deux héros. Plus loin, on se trouve entre Sestos et Abidos, lieux témoins des amours si touchants de Héro et de Léandre, et des fureurs de ce roi de Perse qui, dans le délire de son orgueil, conçut la folle idée d'enchaîner la mer. Ici le passage se rétrécit à tel point qu'un poëte célèbre, le chantre de Don Juan et de Lara, put le traverser à la nage. Nous apercevons le *château des Dardanelles*, la plus importante des forteresses turques dont le canal est hérissé; forteresses devant lesquelles on passe successivement, et dont la vue fait réfléchir aux dangers que courrait une escadre ennemie qui voudrait forcer l'entrée de la mer de Marmara.

En pénétrant dans cette mer, on découvre à main droite l'embouchure de l'ancien Granique, dont les bords furent le théâtre des premiers triomphes d'Alexandre. L'archipel des îles de Marmara, qui ont donné leur nom à la Propontide, et que les anciens appelaient la *Proconèse*, vous empêche d'apercevoir dans toute son étendue la presqu'île de Cyzique, immortalisée par tant d'événements mémorables. Cette langue de terre qui s'avance hardiment dans la mer, et

qui, du temps des Argonautes, était encore une île, a vu
Mithridate prêt à expier entre les mains de ses ennemis le
crime d'avoir osé lutter contre la puissance de Rome. Les
annales de l'Orient nous apprennent aussi que c'est devant
Cyzique qu'une flotte sarrazine, après une attaque inutile
contre Constantinople, éprouva pour la première fois,
en 673, les terribles effets du feu grégeois. Enfin, l'on sait
que Cyzique servit de point de départ aux Turcs qui, sous le
sultan Orkhan, firent leur première descente sur le sol de
l'Europe. Les souvenirs de la fable se mêlent aux réminis-
cences historiques sur cette terre qu'un mince appendice
unit au continent asiatique : Cybèle était adorée dans le
temple élevé par les Argonautes sur le mont Didyme, au pied
duquel s'étendait la ville de Cyzique; c'est près de ce saint
édifice qu'un historien de l'antiquité place la fontaine (*fons
Cupidinis*) dont l'eau guérissait de l'amour.

Sur la côte européenne, nous avons déjà rencontré Galli-
poli, dont le frère d'Orkhan surprit la forteresse et qui devint le centre des excursions dévastatrices des fils d'Osman.
Plus loin, et vis-à-vis le groupe des îles de Marmara, nous
verrons Rodosto (l'ancienne Byzanthe); c'est dans les murs
de cette ville, qu'une foule de familles hongroises trouvèrent
un asile assuré contre la fureur de leurs ennemis. A une
certaine distance, s'élève Héraclée, autrefois la cité la plus
florissante et la plus populeuse de la Thrace; cette ancienne
rivale de Byzance ne compte aujourd'hui que trois cents habitations, et c'est à peine si quelques rares vaisseaux vien-

nent chercher dans son port, singulièrement rétréci, un abri contre la violence des vents. Silyvrie, place fortifiée, s'aperçoit après Erekli; c'est la *Selymbria* de Ptolémée. Cette ville était un des points sur lesquels s'appuyait le long mur que les empereurs grecs avaient construit entre la Propontide et le Pont-Euxin, pour préserver les restes de leurs possessions des attaques des hordes barbares, déjà maîtresses des provinces les plus importantes de l'empire.

Si nous retournons sur le littoral de l'Asie-Mineure, au point où nous l'avons laissé, nous longerons la Bithynie, province dont le sol s'est engraissé du sang des armées chrétiennes à l'époque des croisades. De certains points de la Propontide, vous pourrez voir les cimes du mont Olympe qui se dessinent sur l'horizon. Votre imagination vous transportera dans les fraîches solitudes de cette montagne célèbre, où des poëtes et des philosophes musulmans ont passé une vie de prière et de contemplation, et au pied de laquelle s'élève encore Brousse, l'ancienne résidence des souverains ottomans, Brousse qui renferme les sépultures de tant de personnages illustres et que ses traditions recommandent à l'éternelle vénération des Turcs. C'est dans cette capitale, que les successeurs d'Osman combinèrent leurs vastes plans de conquêtes; c'est là qu'ils revenaient triomphalement après leurs sanglantes expéditions. La splendeur de Brousse se maintint même après la translation du siége de la souveraineté à Andrinople. Aujourd'hui cette antique capitale est un des marchés de soies les plus renommés de l'Orient.

Nicée, située comme Brousse près de l'Olympe, occupe dans l'histoire une place encore plus remarquable. Dix fois conquise par des souverains différents, cette ville vit le croissant et le signe du christianisme briller tour à tour sur ses murailles. Qui ne se rappelle, entre autres expéditions contre Nicée, ce fameux siége où la valeur des croisés triompha d'une défense héroïque, à laquelle ne manquèrent ni les foudres inévitables du feu grégeois, ni ces moyens désespérés qu'un peuple courageux emploie pour mettre ses foyers à l'abri d'une invasion étrangère? Du reste, tous les genres de célébrité concourent à immortaliser cette place dont le nom revient si souvent dans les fastes du moyen-âge. Sans rappeler l'éclat de son école philosophique et les noms de ses illustrations scientifiques, parmi lesquelles figure Hipparque, le restaurateur de l'astronomie chez les Grecs, on sait que plusieurs conciles œcuméniques se tinrent à Nicée, et qu'un grand nombre de questions, qui intéressaient au plus haut point la discipline de l'Eglise chrétienne, furent discutées et résolues dans ces assemblées. Tant de gloire et de splendeur n'ont pu préserver Nicée de la destruction. Aujourd'hui, si la majesté de ses ruines dit assez ce qu'elle fut autrefois, les misérables cabanes qui s'élèvent au pied de ses enceintes en débris attestent que la main des Barbares s'est apesantie sur elle. Elle ne subsiste même plus dans son nom, que les Turcs ont transformé en celui d'*Isnik*.

Encore une ville qui vivra dans l'histoire aussi longtemps que les hommes et les événements qui ont fait sa célébrité.

Nicomédie occupe, à une assez courte distance d'Isnik, le fond d'un golfe qui n'a pas moins de cinq milles de large et treize de profondeur. Nicomède, roi de Bithynie, en fut le fondateur et lui donna son nom. Choisie par Dioclétien pour devenir la capitale de l'empire, au mépris de la gloire et de la magnificence de la ville de Tarquin, Nicomédie dut à son tour céder le pas à Constantinople, élevée plus tard au rang de métropole. C'est à Nicomédie que furent médités et fulminés les nombreux arrêts de mort qui grossirent, sous le règne du même empereur, le martyrologe chrétien. Quels que soient ses autres titres à l'attention du voyageur, Nicomédie revendique plutôt l'honneur d'avoir donné naissance à Arrien, historien des guerres d'Alexandre, que celui d'avoir vu César, oubliant sa dignité, paraître sous un déguisement féminin à la cour du souverain de la Bithynie.

Avant de doubler le cap Fener-Bournou, vous passez devant les ruines d'un ancien autel dédié à quelque divinité du paganisme. Ainsi chaque pas que vous faites le long de cette rive, autrefois si florissante, vous rappelle une grande cité détruite par le temps, un empire éteint, ou un culte tombé. Bientôt le promontoire de Chalcédoine (*Monda-Bournou*) se découvre à vos regards, et Chalcédoine elle-même apparaît sur le rivage, Chalcédoine qui n'est plus que le village de Kadi-Keuiu, sans avoir conservé de traces de sa magnificence. Là aussi, Mithridate lutta héroïquement contre les Romains ; là Constantin triompha de son rival Licinius et conquit la possession tranquille du pouvoir ; là s'élevaient les palais somptueux de l'épouse de Justinien, l'impératrice Théodora ; là enfin les chefs de la hiérarchie catholique s'assemblèrent plusieurs fois en conciles solennels, pour chercher un remède aux maux qui affligeaient l'Eglise d'Orient. Certes, en parcourant les rues silencieuses du *village du Kadi*, et en côtoyant les bords du Chalcédon, ruisseau fangeux qui roule péniblement ses eaux presque ignorées, on ne se douterait pas que ces lieux ont été témoins des pompes impériales, et qu'une grande ville y étalait le faste de ses monuments.

Enfin, après avoir dépassé les îles des Princes, pittoresque archipel que nous visiterons plus tard en détail, après avoir laissé sur la gauche le château des Sept-Tours, cette bastille politique de la Turquie, Constantinople s'offre à notre vue. Nous avançons, et bientôt les murs du Séraï nous apparaissent dans leur vaste étendue. A droite, nous apercevons le faubourg de Scutari, l'ancienne Chrysopolis, vaste entrepôt des marchandises que la Perse, la Syrie, Bagdad et d'autres villes de l'Asie-Mineure dirigent sur la capitale de l'empire ottoman. Un phare placé sur un rocher isolé, et que l'on nomme arbitrairement la *Tour de Léandre*[1], s'élève près de vous au-dessus des flots. Regardez devant vous : vous êtes à l'entrée du Bosphore et du port de Stamboul ; un magique panorama s'étend sous vos yeux enchantés. A droite, c'est la double file des gracieux villages qui bordent le canal par lequel la mer Noire communique avec la Propontide ; devant la

(1) Les Turcs l'appellent *Kiz-koulèci* (la Tour de la Fille).

proue du vaisseau qui navigue librement dans une eau bleue et limpide, c'est le port où stationnent une foule de navires de toutes nations, et dont les flots baignent, d'un côté, Constantinople avec sa population toute musulmane, de l'autre Galata, Péra, quartier des Francs, Kacim-Pacha et d'autres faubourgs que nous n'oublierons pas dans nos excursions.

Mais l'ancre est jetée et il vous est permis de fouler cette terre orientale, but de votre voyage. Vous débarquez, et un commissionnaire officieux vous conduit à Péra, où vous choisissez votre demeure.

CONSTANTINOPLE.

Son histoire. — Sa description générale.

Un navigateur grec nommé Byzas fonda , sur l'emplacement de l'ancienne bourgade thracienne de Lygos, une ville à laquelle il laissa son nom. Cette ville était destinée, par sa merveilleuse position , à devenir l'entrepôt commercial de l'Occident et de l'Orient, et le siége d'une puissante monarchie, après avoir été la métropole d'un empire à son déclin.

Dans les premiers temps de la fondation de Byzance, les troubles auxquels la Grèce était en proie, et les guerres que cette république avait à soutenir contre les Perses, empêchèrent les nations les plus entreprenantes de l'Orient de jeter les yeux sur la nouvelle cité dont la situation était si digne d'être convoitée. Cependant Darius s'en empara dans une de ses excursions guerrières. Reprise par les Ioniens, elle retomba au pouvoir des Perses sous le règne de Xerxès. Plus tard, lorsque l'attention des peuples belliqueux de ces contrées se fut décidément fixée sur ce point de jonction de deux mers et de deux continents, Byzance fut envahie et ravagée par les Spartiates et les Athéniens. Toutefois ce n'étaient là que les préludes de la série de catastrophes qui devait dans la suite frapper cette malheureuse ville.

Rome ne pouvait pas rester longtemps indifférente aux avantages d'une extension en Orient. Lorsque le réseau de sa domination se fût étendu sur tout l'Occident, elle tourna ses regards vers les pays que baignent la Propontide et le Pont-Euxin. La première de ces mers vit les Grecs subjugués par les empereurs romains. Ces succès furent suivis d'une victoire plus éclatante ; Septime-Sévère se rendit maître de Syracuse après un siége de trois ans. La ville fut détruite de fond en comble et réunie au territoire d'Héraclée (Périnthe). Sept ans plus tard, restaurée par Caracalla, elle sortit triomphante de ses ruines et reçut le nom de *Antoniana-Augusta*.

Avec le règne de Constantin commence la célébrité de Byzance. Ce souverain, fatigué de l'anarchie qui régnait autour de lui et des dégoûts dont l'abreuvait un peuple encore soumis aux croyances du paganisme, conçut la pensée de transporter ailleurs le siége de l'empire et de laisser Rome aux pontifes de la religion du Christ. En effet, Byzance fut élevée au rang de capitale et vit sa prospérité s'accroître rapidement par la munificence de son hôte illustre. Dès lors, on la désigna sous le nom pompeux de *Nea - Roma* (Nouvelle Rome), auquel l'usage substitua celui de *Constantinou-Polis*[1] (Constantinople).

La splendeur de la nouvelle métropole, loin d'être un symptôme d'heureuse régénération pour l'empire romain, dont une déplorable anarchie minait les larges bases, ne fut qu'un voile trompeur à l'abri duquel l'ulcère qui rongeait les forces vitales du pouvoir et de la nation se développa d'une façon formidable. Les successeurs de Constantin, inhabiles à continuer l'œuvre commencée par le glorieux protecteur du christianisme, ne firent que multiplier les causes de destruction qui existaient déjà. La corruption et la mollesse, ces fléaux des princes et des peuples, s'introduisirent dans le monde romain, et tandis qu'une multitude de sectes religieuses, tristes fruits du désordre intellectuel, divisaient la population de Constantinople en factions ennemies, tandis que la cour oubliait dans les distractions de l'hippodrome les dangers qui menaçaient la société dont les destinées lui étaient confiées, des hordes de Barbares vomies par l'Asie arrachaient une à une les provinces de l'empire et menaçaient les empereurs au milieu même de leurs fêtes. Les faibles efforts tentés par ces indignes héritiers de César pour

(1) « Nous allons *ès tan bolin*, » disaient les habitants des environs de Constantinople, auxquels le dialecte oriental était familier. De là le nom d'*Estamboul* que les Turcs donnèrent à l'ancienne métropole de l'empire grec. Cependant elle est encore appelée *Constantiniïé* parmi la classe lettrée des Ottomans.

repousser les fils d'Osman se brisèrent contre la persévérance et l'audace des agresseurs : la force n'était plus aux mains des Grecs dégénérés ; elle était passée tout entière du côté de leurs ennemis. La situation devint si menaçante que les empereurs furent réduits à circonscrire leur domaine dans les étroites limites de la péninsule qui se terminait par le *delta de Thrace*, et à s'abriter derrière un mur qui s'étendait de la Propontide au Pont-Euxin[1]. Une pareille précaution disait bien à quel degré d'impuissance et d'humiliation était tombé le pouvoir impérial.

Enfin le croissant l'emporta sur la croix. Mahomet II, septième souverain de la dynastie ottomane, porta le dernier coup à l'empire grec qui s'écroula après une existence de mille ans. Le 29 mai 1453 vit disparaître les restes de la puissance romaine et les portes de la grande cité chrétienne s'ouvrir aux sectateurs d'une religion ennemie.

L'histoire a consacré le souvenir des calamités qui ont frappé la ville de Constantin ; depuis sa première fondation elle a été assiégée :

Par Pausanias, après la bataille de la Platée (an 477 avant J-C.) ;

Par Alcibiade, au commencement du cinquième siècle (410 avant J.-C.) ;

Par Léon, général de Philippe de Macédoine (347) ;

(1) Ce mur, connu sous la dénomination de *Mur-long*, fut construit en 507 par ordre de l'empereur Anastase.

Par les Romains, sous Septime-Sévère (197 après J.-C.) ;

Par Maximius, l'année 313 de l'ère chrétienne ;

Par Constantin-le-Grand, en 315 ;

Par Khosroès, souverain persan, en 616 ;

Par le chakhan des Awares, en 626 ;

Par le chef arabe Moawia, la treizième année du règne de Constance III (34 de l'hégire, 654 de l'ère chrétienne) ;

Par Yezid, fils de Moawia, la seizième année du règne de Constance III (47 de l'hégire, 667 ère chrétienne) ;

Par Sofian-Ben-Aouf, général de Moawia (52 de l'hégire, 672 ère chrétienne) ;

Par Mosléma et Omar Abdol-Aziz, fils du khalife Merwan, sous le règne de l'empereur Anhémius (97 de l'hégire, 715 ère chrétienne ;)

Par Soliman, fils du khalife Abdol-Melek (122 de l'hégire, 739 ère chrétienne) ;

Par Paganos, prince des Bulgares, dans la vingt-troisième année du règne de Constantin V (764 ère chrétienne) ;

Par Haroun al-Rachid, la cinquième année du règne de Léon IV (164 de l'hégire, 780 ère chrétienne) ;

Par Abdol-Melek, général d'Haroun al - Rachid, la deuxième année du règne de l'impératrice Irène (798 ère chrétienne) ;

Par Krumus, prince des Slaves (811 ère chrétienne) ;

Par le Slave Thomas, la première année du règne de Michel-le-Bègue (820 ère chrétienne) ;

Par les Russes sous les ordres de Dir et d'Ascold (866);

Par Siméon, krâl des Bulgares, la troisième année du règne de Constantin Porphyrogénète (914);

Par le rebelle Thornicius, la septième année du règne de Michel Monomaque (1048);

Par Alexis Comnène, en 1081;

Par les Croisés, le 12 avril 1204;

Par Michel Paléologue, le 25 juillet 1261;

Par le sultan Bajazet Ier, en 1396;

Par le même souverain, en 1402;

Par son fils Mousa, en 1414;

Par le sultan Mourad II, fils de Mahomet Ier, en 1422;

Par Mahomet II, le 29 mai 1453.

Ainsi Constantinople a été vingt-neuf fois en proie aux horreurs d'un siége. Dans le nombre de ses ennemis, huit seulement s'en emparèrent; ce furent Pausanias, Alcibiade, Septime-Sévère, Constantin, Alexis Comnène, Dandolo, Michel Paléologue et Mahomet II. Peu de villes ont eu à soutenir des luttes aussi multipliées et aussi périlleuses. La capitale de l'empire d'Orient et de l'Islamisme a payé cher la beauté et les avantages de sa situation!

On ne s'attend pas à trouver ici un récit détaillé de ces nombreuses expéditions. Mais le dernier siége, celui qui donna Constantinople aux princes ottomans, mérite de fixer l'attention de quiconque veut connaître dans son passé et dans sa condition actuelle cette ville promise aux grandes choses. Il ne sera donc pas sans utilité de rappeler, d'après les meilleurs historiens[1], les principales circonstances de ce mémorable événement.

Mahomet II, qui avait fait d'Andrinople la seconde capitale de la monarchie ottomane, et qui depuis longtemps convoitait Byzance, résolut, pour assurer l'exécution de son projet de conquête, de construire sur la rive européenne du Bosphore, et à l'endroit où le détroit est le plus resserré, une forteresse qui tiendrait la ville en échec et intercepterait toute communication entre les deux mers. Ce fort s'éleva malgré les représentations de l'empereur Constantin, dont le langage se ressentait de la faiblesse de ses résolutions. Trois mois suffirent pour achever cette construction hardie. La forteresse reçut des Turcs le nom significatif de *Boghazkesen* (coupe-gorge)[2], et des Grecs celui de *Laïmocopas* (coupeur des flots), à cause du mouvement des ondes qui battaient le promontoire où s'élevait le nouveau poste militaire des Turcs.

De retour à Andrinople, Mahomet s'occupa sans relâche des moyens de faciliter son entreprise. Un Hongrois, nommé Orban, lui inspira la pensée de fabriquer un canon mons-

---

(1) C'est principalement l'*Histoire de l'Empire ottoman*, par M. DE HAMMER, que nous avons consultée pour écrire le récit du siége de Constantinople. Cet excellent ouvrage, qui a valu à son auteur une réputation européenne, vient d'être publié en français par Bellizard, Dufour et Cⁱᵉ, à Paris, rue de Verneuil, nᵒ 1 ᵇⁱˢ. Il est accompagné d'un Atlas complet de l'Empire ottoman.

(2) *Boghaz* a, en turc, la signification de *détroit, défilé.*

trueux dont quelques coups suffiraient pour abattre les murs de Constantinople. Cette idée sourit au sultan, et, quelque temps après, l'artificier hongrois lui présenta une pièce qui pouvait recevoir des boulets de douze palmes de circonférence, et pesant douze quintaux. Il ne fallut pas moins de cinquante paires de bœufs et d'un très grand nombre d'hommes pour traîner cette masse énorme, qui mit deux mois à faire un trajet de deux jours. Un pareil moyen, qui ferait sourire nos artilleurs modernes, redoubla la confiance que les Turcs avaient dans leur supériorité, et la terreur qui, depuis les premières démonstrations hostiles de Mahomet, s'était répandue à la cour de Constantin.

Ce fut le 6 avril 1453 que l'armée turque parut devant les murs de la place. Le grand canon fut mis en batterie devant la porte de Saint-Romain (aujourd'hui *Egri-Kapou*), et le siége commença. Les forces du sultan se composaient de cent mille hommes de cavalerie et de cent cinquante mille fantassins. La flotte ottomane comptait quatre cent vingt navires de toute grandeur. A cette masse considérable d'ennemis, les assiégés n'avaient à opposer que quatre mille neuf cent soixante-treize soldats grecs, deux mille étrangers et cinq cents Génois sous les ordres de Longus, de la famille des Giustiniani.

Malgré leur infériorité numérique, les Grecs repoussèrent avec succès les premières attaques des assiégeants. Les Turcs voyaient leurs efforts se briser contre l'opiniâtreté d'un ennemi qui combattait avec le courage du désespoir.

D'un autre côté, la flotte du sultan, battue dans un premier engagement avec les rares vaisseaux génois et grecs, ne pouvait, pour arriver sous les murs de Constantinople, franchir la forte chaîne de fer que les assiégés avaient prudemment tendue d'une rive à l'autre. Dans cette perplexité, Mahomet conçut une idée qui révèle toute la puissance de sa volonté : il imagina de transporter ses vaisseaux sur terre jusque dans le port de Byzance. Ce projet s'exécuta avec une audace et un bonheur dignes d'une pareille conception. Au moyen d'une route couverte de planches enduites de graisse, soixante-dix navires à deux rangs de rames et quelques-uns de plus forte dimension firent, en une seule nuit, un trajet de deux lieues, et furent remis à flot dans le golfe de la Corne-d'Or, aux yeux des Grecs saisis de stupeur et d'effroi. Ce n'est pas tout : pour établir une communication entre les deux rives du port, le sultan fit faire un pont volant avec des tonneaux que retenaient des crochets de fer, et sur lesquels on fixa des planches. Dès ce moment, les Turcs purent se considérer comme maîtres de la place qu'ils tenaient étroitement bloquée et qu'ils ne laissaient pas respirer un seul instant.

Toutefois, avant de frapper le coup décisif, Mahomet offrit la paix à l'empereur, à condition que la ville se rendrait immédiatement. Constantin ayant répondu à cette proposition par un héroïque refus, l'assaut fut fixé au 29 mai. Par une déplorable fatalité, tandis que tous les préparatifs d'attaque se faisaient dans le camp turc avec une activité infatigable et un parfait ensemble, la division éclatait parmi les chefs de la garnison assiégée et achevait de paralyser ses forces déjà décimées par le fer et les boulets de l'ennemi.

Le 28 mai, les Turcs prirent leurs positions tant du côté du port que du côté de la terre ferme. Le cri mille fois répété de *La ilah illalah!* retentissait dans la vaste étendue du camp. Ces scènes de bruyant enthousiasme contrastaient tristement avec le silence de la population grecque qui, mettant son dernier espoir dans la Providence, implorait, dans les basiliques, la protection du Tout-Puissant. Le lendemain, dès l'aurore, les trompettes et les tambours donnèrent le signal de l'assaut, et l'armée ottomane s'ébranla sur toute sa ligne. Les assiégés défendirent vaillamment l'approche de leurs murailles, et un mouvement d'hésitation se faisait déjà remarquer dans les rangs des Turcs, lorsqu'une porte que l'empereur avait fait ouvrir la veille pour faire une sortie, et que, par une inconcevable imprudence, on n'avait pas refermée, donna passage à un certain nombre de soldats ottomans qui, fondant à l'improviste sur les Grecs, répandirent la terreur parmi ces derniers. La place fut aussitôt envahie par une multitude d'assaillants. Au milieu de ce désordre, Constantin, dont la valeur s'était signalée par plus d'une action héroïque, et qui invoquait la mort de la main d'un chrétien, fut frappé de deux coups de sabre et tomba ignoré parmi les blessés et les mourants. Repoussés du port où ils s'étaient précipités en masse, et dont les portes avaient été

fermées par les soldats préposés à leur garde, les malheu--
reux habitants se réfugièrent dans l'église de Sainte-So--
phie. C'était là que, suivant une prédiction, un ange
devait mettre aux mains d'un homme du peuple le glaive ven-
geur qui ferait fuir les ennemis du vrai Dieu ; mais ils
avaient vainement compté sur l'intervention du ciel. Les
portes de l'église furent enfoncées , et les vainqueurs firent irruption dans son enceinte. Le temple du Seigneur fut
le théâtre des scènes les plus horribles, et ses voûtes reten-
tirent des cris des victimes que les Turcs immolaient à leur
fureur ou chargeaient des chaînes de l'esclavage.

Néanmoins, tandis que les nombreuses églises de Constan--
tinople étaient saccagées par les soldats de Mahomet, un ordre du sultan préserva Sainte-Sophie de la dévastation. Cette
basilique fut convertie en mosquée, et le culte de l'islamisme
y fut solennellement inauguré par le prince lui-même.

Le corps sanglant de l'empereur fut retrouvé au milieu
d'un monceau de cadavres. La tête fut coupée et placée sous
les pieds du cheval de bronze qui supportait la statue de Justinien. Cet outrage, que méritait si peu un prince mort les
armes à la main en défendant son trône et sa capitale, avait
pour les Musulmans une signification que ne durent point
comprendre les chrétiens témoins de ce hideux spectacle. On
sait que les Turcs, pour souhaiter la victoire à leurs chefs,
emploient d'ordinaire cette formule : « Que les têtes de tes
ennemis roulent sous les pieds de ton cheval ! »

Trois jours après la victoire des Infidèles, Mahomet II fit

repartir sa flotte ; il s'occupa, dès ce moment, de restaurer les édifices qui avaient été dégradés durant le siége et d'en faire construire de nouveaux.

On a vu que Constantinople avait déjà reçu le nom *d'Istambol*; ses nouveaux habitants, dénaturant cette dénomination pour lui donner un sens conforme à leurs croyances, en firent *Islambol* (Plénitude de l'Islamisme). La cité des Constantin s'appela aussi *Oummedunya* (la Mère du monde), parce que les Osmanlis la considéraient comme la maîtresse sans rivale de deux mers et de deux continents. Aujourd'hui les Turcs disent *Stamboul la bien Gardée*, sans doute à cause de sa position militaire qui en ferait une place formidable entre les mains d'un gouvernement prévoyant. Du reste, ce ne sont pas là les seuls noms qui aient servi à désigner Byzance ; elle était aussi appelée *Anthousa* (la Florissante) par les Grecs, *Farrouk* (celle qui sépare) par les Arabes. Les Russes l'avaient connue sous la dénomination de *Zaregorod*, et les Valaques sous celle de *Zaregrad*. *Myklagard* était le nom que lui donnaient les Islandais au xe siècle.

Constantinople, ville musulmane, devint le centre politique et militaire de l'empire fondé par Osman. C'est là que furent médités ces projets de conquête que le courage et la persévérance des Turcs réalisèrent en partie ; c'est de ce point que partirent les armées qui, s'avançant deux fois jusqu'aux portes de Vienne, répandirent l'effroi parmi les nations chrétiennes de l'Europe. Enfin c'est à Constantinople que se sont accomplies tant de révolutions fatales à la vie des sultans, et fécondes en orages dont le monde civilisé craignait le retentissement.

La prédilection des Musulmans pour leur capitale, qu'ils placent au-dessus de toutes les villes de l'univers, est toute naturelle ; pour se l'expliquer il suffit de jeter un coup d'œil sur l'ensemble général de cette métropole.

Constantinople est située par les 41° 1′ 27″ de latitude nord et 26° 33′ de longitude. Elle s'élève sur sept collines et occupe un espace en forme de triangle. Un côté est baigné par la mer de Marmara, un autre par les eaux du port ; le troisième, qui regarde la terre ferme, est protégé par trois murailles crénelées, éloignées de vingt pieds les unes des autres, au-devant desquelles s'étend un fossé de quinze pieds de profondeur sur vingt - cinq de large, partant du château des Sept-Tours et aboutissant au port.

L'enceinte de la ville n'a pas moins de quatre lieues trois quarts, et c'est à peine si dans trois heures on peut en faire le tour.

Le port, autrefois nommé *la Corne-d'Or*, est un golfe long de plus de quatre mille toisés et large de six mille pieds à son ouverture ; la profondeur en est telle que les plus gros navires peuvent, sans aucun danger, mouiller le long des deux rives. Rien n'est plus attrayant que le spectacle qu'offre cette anse spacieuse, dont mille bâtiments de toute grandeur sillonnent incessamment les eaux tranquilles, et qui voit une population nombreuse et animée se presser sur ses bords à chaque heure du jour.

En face de Constantinople, sur la rive opposée, s'élève une colline haute de cent mètres, et sur les flancs de laquelle sont assis les faubourgs de Top-Khana, de Péra, de Galata et de Kacim - pacha, vastes dépendances de la ville proprement dite.

Le Bosphore est un canal qui joint la Propontide au Pont-Euxin. Ce détroit, dont la longueur est de 15,300 toises, et dont la largeur varie depuis 900 jusqu'à 1,900 toises, est découpé par une infinité de petites baies. Ses rives, que couvrent un grand nombre de villages et d'habitations élégantes, s'allongent en promontoires dont le pied s'avance hardiment dans les flots limpides du canal. A son extrémité méridionale on aperçoit, sur le littoral asiatique, le vaste faubourg de Scutari (*Ouskoudar*), autre annexe importante de Stamboul.

Le sommet des deux versants sur lesquels se dessinent les sept collines est occupé, dans toute sa longueur, par une rue nommée *grande rue du Divan*. Cette crête se prolonge en diminuant peu à peu de hauteur jusqu'à l'angle le plus saillant du triangle dont nous avons parlé. C'est à son extrémité que se trouve le Seraï, ou palais impérial.

On compte à Constantinople un nombre prodigieux d'édifices de toute espèce. Il y a 346 mosquées, 518 médrèses ou écoles supérieures, 300 bains publics, plus de 1,200 écoles primaires, et 35 kouttoub-khans ou bibliothèques publiques, dont chacune contient de mille à deux mille volumes, ainsi que des manuscrits précieux.

Quatorze portes donnent accès dans la ville du côté du port; ce sont : *Haïvan-kapoussi* (la porte au bétail); *Xiloporta* (la porte de bois); *Balta - kapoussi* (la porte du palais); *Fener-kapoussi* (la porte du phare)]; *Petri-kapoussi* (la porte de Saint-Pierre); *Yeni-kapoussi* (la porte nouvelle); *Aya - kapoussi* (la porte sainte); *Djoub - Ali-kapoussi* (la porte de Djoub-Ali); *Oun-Kapan-kapoussi* (la porte aux farines); *Ayasma-kapoussi* (la porte de la fontaine bénie); *Odoun - kapoussi* (la porte au bois); *Sindan-kapoussi* (la porte des prisons); *Balik - Bazari - kapoussi* (la porte du marché au poisson); *Baghtchè-kapoussi* (la porte des jardins). Les portes du côté de la terre sont au nombre de sept; en voici les noms : *Egri - kapoussi* (la porte courbée); *Edrènè - kapoussi* (la porte d'Andrinople); *Top - kapoussi* (porte du canon); *Yeni-kapoussi* (porte nouvelle); la porte de Silivrie; *Kapalou-kapoussi*; *Yedi-Koulèlèr-kapoussi*. Les portes qui s'ouvrent sur la mer de Marmara sont les suivantes : *Narli-kapoussi, Samatia-kapoussi, Daoud-Pacha-kapoussi, Yeni-kapoussi, Koum-kapoussi, Tchatladi-kapoussi, Akhor-kapoussi* et *Top-kapoussi,* à la Pointe du Séraï.

On évalue à plus de 500,000 âmes la population de Constantinople. Le nombre des maisons est d'environ 88,000.

Si l'on ne craignait pas d'anticiper sur les jouissances du voyageur, on ajouterait ici la description des sites les plus remarquables de Stamboul; on ferait passer tour à tour sous ses yeux les amphithéâtres des sept collines, avec leurs coupoles élégantes, leurs sveltes minarets et leurs hardis aqueducs ; la Corne-d'Or, avec ses mille navires et les palais qui décorent ses rives ; les cimetières ottomans, avec leur parure d'arbres toujours verts ; le Bosphore, avec ses sites enchanteurs et les caïks qui glissent sur ses flots azurés ; enfin sur la côte asiatique le merveilleux panorama de Scutari. Mais nous avons encore bien du chemin à faire, et c'est en parcourant les différents quartiers de la ville que le paysage devra être décrit en détail. Aussi bien, ce qu'on vient de lire suffira pour justifier aux yeux du voyageur les noms de *Mère du monde* et de *Florissante* donnés par les Turcs et par les Grecs à cette magnifique capitale.

LE SÉRAÏ [1].

Ce qui d'abord excite la curiosité du voyageur, lorsqu'il a mis pied à terre, c'est le Séraï, ce mystérieux palais, asile du plaisir et théâtre de sanglantes catastrophes, ce *sanctum sanctorum* que parent des jardins enchantés, et que l'imagination des Européens se représente comme le séjour du repos et de la félicité.

Sous le règne de Sultan-Sélim, de débonnaire mémoire, l'accès de la demeure impériale était facile et les Francs s'y introduisaient impunément sous le plus futile prétexte ; mais à la mort de ce souverain, la consigne qui interdisait l'entrée du palais à tout profane fut remise en vigueur, et il ne fut plus permis d'y pénétrer qu'aux jours de réception diplomatique, en se mêlant au cortége de l'ambassadeur qui allait recevoir le kaftan d'honneur. Aujourd'hui on obtient quelquefois la permission de parcourir les premières

(1) On dit en français *sérail*. Mais l'orthographe que nous avons adoptée ici est plus conforme à la prononciation turque de ce mot ; elle est d'ailleurs généralement usitée dans les ouvrages des plus célèbres orientalistes modernes.

cours et même une partie des jardins ; mais comme les laissez-
passer ne se délivrent pas à tout le monde, il est juste de dédommager, par une description aussi complète que possible,
le voyageur dont la demande aura été repoussée.

Le Sérail ou *Séraï* actuel n'a pas toujours été la résidence
du souverain régnant. Mahomet II avait fait construire un
autre palais destiné à devenir la demeure de ses successeurs.
Ce palais est celui qu'on désigne aujourd'hui sous le nom de
Eski-Seraï, c'est-à-dire *Vieux-Séraï*, et qu'on rencontre
près de la mosquée de Soliman. Mais l'emplacement choisi
par le vainqueur de Constantin offrait des inconvénients qui
n'échappèrent pas à sa sagacité, et une nouvelle habitation
plus commode et plus agréable s'éleva bientôt, entourée de
vastes jardins et de nombreuses constructions, sur le promontoire que baignent les flots du Bosphore et de la Propontide. Le Vieux-Séraï, qui a longtemps servi de retraite aux
sultanes veuves ou malades et aux kadines répudiées, est, depuis quelques années, habité par le séraskèr ou général en
chef des armées turques. Quant au nouveau Séraï, dont la
situation est incomparable, et qui pourrait au besoin servir
de poste retranché, ses avantages n'ont cessé d'être appréciés
par les souverains ottomans, jusqu'à l'événement qui a déli-
vré le gouvernement turc de la turbulente milice des Janissaires. Depuis cette mémorable époque, Sa Hautesse habite
un nouveau palais construit à Dolma-Baghtchè, sur le Bosphore. Le harem a été transporté dans une royale habitation
qui s'élève à Beygler-Bey, sur la côte d'Asie. Le Séraï où les

successeurs de Mahomet II ont vécu et régné n'est plus habité
que par des gardiens et des eunuques en retraite. Cette demeure n'intéresse donc plus que par la poésie des souvenirs,
et c'est à ce titre que nous lui consacrons un chapitre spécial.

Le Séraï est séparé de la ville par une muraille élevée et
flanquée de tours. Cette muraille se confond à ses deux extrémités avec l'enceinte de la ville, le long du port et du
côté de la Propontide. On évalue sa longueur à 2,000 toises.
L'ancienne Byzance ne s'étendait pas au-delà de cette ligne,
car ce ne fut que sous les règnes de Théodose-le-Jeune et
d'Héraclius que la Nouvelle Rome atteignit les limites de la
Constantinople moderne.

Huit portes donnent entrée dans le Séraï; trois ouvrent
du côté de la ville et cinq sur la mer. Ces dernières ont une
triste célébrité : plus d'une victime promise au Bosphore en a
franchi le seuil ; on se rappelle, entre autres, les femmes de
Sélim III, qui, après avoir trempé dans le complot où ce sultan perdit la vie, durent passer sous ces lugubres guichets
pour être jetées à la mer. Des scènes non moins tragiques
donnent à la porte principale du côté de Constantinople un
caractère de sombre majesté qui impressionne douloureusement le voyageur. Regardez en effet ces deux niches placées
à droite et à gauche de la porte ; elles contiennent les têtes
sanglantes des malheureux que la justice du souverain a con-
damnés à périr.

Après avoir franchi cette porte, que les Turcs appellent
Babi-Houmayoun (porte impériale), on se trouve dans

une vaste cour de forme peu régulière. A gauche est l'ancienne église de Sainte - Irène, dont la construction, due à Constantin-le-Grand, est analogue à celle de toutes les basiliques grecques. Cette église n'a pas subi le sort de Sainte-Sophie et des autres temples chrétiens ; elle n'a pas été consacrée par les musulmans au culte de leur Dieu ; elle a été simplement changée en arsenal, ou plutôt en *museum*, car on y a déposé d'antiques et précieuses armures, auxquelles les Osmanlis portent le respect qu'on doit à de saintes reliques. Ces dépouilles vénérables de héros redoutés sur les champs de bataille n'ont jamais été exposées aux regards des profanes, car l'entrée de la petite église a toujours été sévèrement interdite aux Francs, et cela en toute circonstance, même pendant les présentations diplomatiques, lorsqu'elles avaient lieu au Séraï dont nous faisons ici la description.

A droite de la porte Houmayoun, sont les anciennes cuisines de Sa Hautesse, bâtiment long et bas qui n'offre rien de remarquable.

L'hôtel des monnaies est situé près de Sainte-Irène. Rien dans cet établissement n'est digne de captiver l'attention. Tout ce qu'on y voit prouve que les Turcs en sont encore aux premiers éléments de l'art de battre monnaie.

Vis-à-vis est l'infirmerie. Plus loin, on voit les logements du Defterdar-effendi, du Veznèdar-agha ou caissier du ministre des finances, puis des casernes affectées à certains corps de la garde du sultan. L'inspecteur des édifices publics, ou Chéhir Emini, et le secrétaire du chef des eunuques noirs,

étaient aussi logés dans cette cour. En parcourant cette enceinte, on rencontrait, il y a quelques années, un mortier
renversé dont la destination mérite d'être rappelée : il devait
servir à broyer le chef des Oulèmas, que son caractère sacré
mettait à l'abri de la peine du sabre ; mais on ne dit pas que
ce terrible instrument de mort ait jamais été mis en usage.

Pour passer de la première cour dans la seconde, il faut
franchir la *Porte-du-Salut*, ou *Bab-us-Sèlam*, qui autrefois
n'était ouverte aux Francs que lorsque le sultan donnait audience au représentant d'une puissance étrangère. Ici le
cœur se serre comme à l'aspect de Babi-Houmayoun ; ce vestibule, dont les murs sont décorés de peintures à fresque et
de trophées militaires, a été témoin du supplice de plus d'un
haut fonctionnaire désigné par le sultan au sabre des bourreaux, dont le logement était à gauche de l'entrée, faisant face
à celui du Capidgi-Bachi.

Le Coutbey-Hatnè, où le Grand-Vizir tenait conseil, deux
allées de cyprès formant deux routes divergentes, voilà ce
qu'on voit, au premier coup d'œil, en pénétrant dans la seconde cour. Si l'on suit l'une des deux allées, on arrive à la
salle où le premier ministre assemblait son divan dans certaines
solennités. Les murs de cette salle sont revêtus des plus beaux
marbres et chargés d'ornements en or d'assez mauvais goût.
Le Grand-Vizir se plaçait d'ordinaire en face de la porte d'entrée ; à ses côtés étaient rangés le Kapitan-Pacha, ou grand-
amiral, le Defterdar, le Nikiandgi-Effendi, les deux Kazy-Asker,
ou juges de l'armée, et le grand-maître des cérémonies ; quant

au Reïs-Effendi, ou ministre des affaires étrangères, il restait dans un cabinet voisin où le Grand-Vizir lui envoyait ses ordres dès qu'ils étaient donnés. Le sultan assistait et assiste encore quelquefois aux délibérations du divan ; il se tient alors derrière une petite fenêtre grillée, ménagée au-dessous de la place du vizir, et faite de telle sorte que le souverain puisse, sans être vu, s'assurer de la capacité et des bonnes intentions de son premier ministre.

Dans les jours de présentation officielle, on se rendait de la salle du divan, située dans la deuxième cour, à celle du trône, qui occupe une partie de la troisième ; pour cela, il fallait passer par la troisième porte qu'on nomme *Bab-us-Seadet* (porte de la félicité). L'édifice qui renferme la salle du trône est peu vaste, de forme carrée et environné de portiques de marbre. La pièce où le grand-seigneur donnait audience aux ambassadeurs est voûtée, revêtue de marbre et éclairée par un jour mystérieux qui y pénètre à travers des vitraux coloriés ; une fontaine qui coulait dans l'appartement même y répandait une douce fraîcheur, et ajoutait par son murmure aux prestiges de ce lieu bien digne de recevoir la majesté impériale ; un baldaquin reposant sur quatre colonnes étincelantes de pierreries, et orné de globes d'or, forme le trône où s'asseyait le sultan ; on voit suspendues aux globes des queues de cheval, emblème du pouvoir dans les camps [1].

(1) Ces queues de cheval s'appellent *tough ;* elles servent d'étendards aux armées. Lorsque les sultans étaient encore dans l'usage de

Tout auprès du trône est une cheminée dont les piliers et le chambranle sont presque dissimulés par les ornements d'or qui les couvrent. En somme, cette salle est d'une grande magnificence, mais la profusion des décorations, la quantité d'or et de pierres précieuses qui y est prodiguée sans discernement, accuse, dans les artistes ottomans, une absence complète de ce goût, de cette délicatesse de tact qui distinguent les ouvriers chez les nations de l'Occident.

Ici se terminait d'ordinaire la marche du cortége de l'ambassadeur qui venait remettre ses lettres de créance à Sa Hautesse. Mais continuons notre route, car il nous reste à parcourir une bonne partie du Séraï.

En sortant de la salle du trône, nous nous trouverons en face du palais qu'habitait le sultan et de celui qui servait de demeure ou plutôt de prison à ses fils, avant que l'usage de tenir les héritiers du trône en charte privée fût aboli par le sultan Mahmoud. Dans cette partie du Séraï s'élève aussi le bâtiment autrefois consacré aux khasseki (femmes du Grand Seigneur) et aux odalik (filles esclaves). C'était là ce sanctuaire inviolable, ce harem dont nul ne pouvait sonder les secrets, et qui protégeait du même mystère d'indicibles voluptés et des intrigues machiavéliques.

marcher en personne à la tête de leurs troupes, six toughs indiquaient leur présence. Le Grand-Vizir et les Pachas de premier rang ont le droit de se faire précéder par trois queues; les pachas de second rang ne peuvent en arborer que deux. De là les dénominations de *pacha à deux queues* et *à trois queues,* dont les Européens ne se rendent pas toujours compte.

Un nouveau palais fut construit, il y a quelques années, à l'endroit nommé *Séraï-Bournou*, c'est-à-dire à l'extrémité du promontoire. Rien de plus beau, de plus ravissant que la situation de ce bâtiment dans lequel on pénètre, du côté de la mer, par une porte entièrement dorée.

Si nous retournons sur nos pas, en suivant un chemin différent de celui que nous avons déjà parcouru, nous passerons devant le bâtiment qu'occupaient les eunuques noirs préposés à la garde des femmes du harem ; nous verrons les bains de Sultan Sélim II avec leurs trente-deux salles revêtues de marbre ; un oratoire où le souverain allait chaque jour se prosterner ; le Khaznè ou trésor impérial, destiné à contenir, non-seulement les richesses, mais encore les objets les plus précieux appartenant au sultan ; la bibliothèque, où sont réunis une foule d'ouvrages précieux. Plus loin, nous rencontrerons le corps de logis consacré aux eunuques blancs, celui qu'habitaient les pages ou Ic-Oghlani ; les écuries où les chevaux du Grand Seigneur étaient livrés aux soins d'une foule de palefreniers, et, enfin, les logements des commissionnaires ou baltadgi. Ici nous rentrons dans la première cour, mais en passant par une porte placée à gauche de celle par laquelle nous sommes entrés.

Quant à cette partie du Séraï qui longe le port, elle est occupée par d'autres écuries, par les remises où l'on abritait les embarcations, et par les bâtiments abandonnés aux boulangers, cuisiniers, confituriers, chameliers, muletiers et autres gens de service.

On se tromperait si l'on croyait que les édifices dont on vient de lire l'énumération sont disposés suivant une certaine symétrie et avec une régularité appropriée à la destination de chacun d'eux ; toutes ces constructions sont distribuées au hasard, au mépris des règles élémentaires de l'architecture. Le coup d'œil n'en est sans doute que plus pittoresque ; mais ce que cette vaste enceinte gagne sous ce rapport, elle le perd en grandiose et en beauté réelle.

Maintenant, si l'on se représente par la pensée les beaux jardins qui ornent cette royale demeure et dont les majestueux ombrages s'aperçoivent à une grande distance, on aura une idée assez exacte de ce séjour, qu'en général les étrangers regardent à travers le prisme de la poésie orientale, quoique le côté prosaïque y ait une large part, surtout depuis que le souverain régnant lui a préféré l'asile plus sûr de Dolma-Baghtché.

CONSTANTINOPLE.

Jusqu'à présent le voyageur a parcouru avec nous Constantinople sans sortir de sa chambre ; il est temps qu'il commence son pèlerinage dans la ville sainte. Maintenant nous ne le laisserons pas reposer qu'il n'en connaisse tous les détours.

Embarquons-nous à Galata ou à Top-Khana pour nous diriger vers Stamboul ; notre caïk nous conduira à la porte Balik-Bazari. Là nous mettons pied à terre et nous nous faisons conduire à l'échelle de la douane , située à main gauche et tout près du lieu de débarquement. Le bâtiment de la douane est construit en bois, et son air de vétusté indique qu'il n'a pas eu à souffrir des incendies qui ont dévasté cette partie de Constantinople. Ce minaret que nous apercevons sur l'édifice prouve aussi que les prescriptions du Coran ne sont pas plus oubliées ici qu'ailleurs. Rien de plus animé que le spectacle des environs de cette douane, lorsque le vent du Sud amène dans le port les navires retenus dans les Dardanelles par le vent du Nord. Alors les cargaisons des bâtiments adressés à des négociants turcs sont déchargées à cette échelle et activement visitées par les douaniers.

Jetons, en passant, un coup d'œil sur la mosquée de la sultane Validè appelée aussi *Yeni-Djamissi*. Promenons-nous quelques instants dans cette cour plantée de beaux arbres et auprès de cette fontaine dont l'eau jaillissante rafraîchit autour de nous l'atmosphère. Nous pouvons parcourir librement ces abords de la mosquée et nous approcher de ces juifs qui vendent de l'essence de rose, des chapelets et des tuyaux de pipes ; mais l'intérieur est lettre-close pour le djiaour. Du reste, à part la splendeur des ornements d'architecture qu'on regrette de ne pas voir, l'uniformité des temples musulmans, dans lesquels l'usage règle invariablement le choix et l'arrangement des objets, nous console de la prohibition qui nous en interdit l'entrée. Une niche placée dans la direction de la Mecque, et où l'on voit le Coran entre deux énormes cierges ; à gauche, une chaire, du haut de laquelle l'Imam préside aux dévotions des fidèles ; de l'autre côté de la nef, une seconde chaire plus élevée, où le Khiatib récite la prière appelée *Khoutbë* ; une tribune pour le sultan, une espèce de plate-forme pour les softas ou candidats au titre d'*ouléma* ; sur les murs, des versets du Coran inscrits en lettres d'or, des lampes en verre colorié, des tapis et des nattes précieuses, voilà ce qui compose les accessoires de toutes les mosquées impériales.)

Si vous voulez voir une scène encore plus animée que celle de la douane, allez parcourir le marché au poisson. Vous verrez une multitude empressée se croiser dans tous les sens au milieu de cette halle, la mieux approvisionnée de toutes celles de Constantinople ; à peine pourrez-vous avancer de quelques pas, tant cette foule de gens de toute classe, qui se rendent à leurs affaires, se presse dans ce passage. Si vous apercevez un attroupement, éloignez-vous en détournant les yeux, car c'est un criminel condamné à mort qui subit sa peine, ce lieu étant le théâtre ordinaire de ces sanglantes exécutions.

Baghtchè-Kapoussi, que nous franchissons pour pénétrer dans la ville, n'est jamais fermée pour les Francs, à qui les *capitulations* assurent certains priviléges dans la capitale. Qu'il se présente de nuit comme de jour devant cette porte, le voyageur passera librement sans être soumis à la rétribution imposée par le concierge aux rayas qui demandent le passage après le coucher du soleil. Ce renseignement ne sera pas sans utilité ; car en voyant, le soir, les deux battants de la porte fermés, plus d'un étranger, dans l'ignorance de l'usage et de ses droits, pourrait se croire prisonnier dans Constantinople pour toute la nuit.

Nous passons successivement devant *Misr-Tchartchi*, marché où se vendaient autrefois les produits de l'Egypte, et devant l'établissement où se brûle et se pile tout le café servant à la consommation de la ville. On se ferait illusion en s'imaginant que le moka est seul admis dans ce moulin national ; cette supposition serait un anachronisme. Il y a quelques années, en effet, le gouvernement, qui a le monopole de cette préparation, défendait sous des peines sévères de mêler un seul grain étranger au moka qui passait dans le mortier des pileurs ; Sa Hautesse tenait avec raison à ce que la liqueur favorite de ses sujets ne subît aucune altération. Mais depuis sa révolte contre Mahmoud, Méhémet-Ali retient tout le café recueilli en Arabie, de sorte que les habitants de Constantinople sont obligés de payer tribut aux planteurs de l'île Bourbon et de la Jamaïque, c'est-à-dire d'attendre du commerce européen leur provision de café, triste nécessité dont l'orgueil musulman a dû longtemps gémir.

Le *Turbé* ou tombeau d'Abdoul-Hamid mérite de fixer quelques instants nos regards. C'est là que, près du sultan qui a donné son nom à ce monument funéraire, repose Mustapha IV, frère de Mahmoud et cousin de Sélim. On sait que Mustapha, après avoir fait assassiner Selim III, fut lui-même mis à mort, le 17 novembre 1808, par ordre de Sultan-Mahmoud.

Nous suivons la rue de Baghtchè-Kapoussi, une des plus belles de la capitale, et nous nous trouvons, à son extrémité, en face d'un autre monument funèbre, dont l'élégante simplicité nous séduit. C'est le *turbé* du sultan Sélim III, mort victime d'une de ces révolutions de palais dont les hôtes du séraï impérial ont été si souvent les témoins. Sélim, prince aussi distingué par son esprit et ses lumières que par ses qualités morales, périt, dans le mois de mai 1807, sous le couteau du grand-écuyer de son cousin Mustapha IV. Toute la population de Stamboul regretta sincèrement ce souverain, dont le crime, aux yeux des Janissaires insurgés, avait été de favoriser l'institution du *nizam-dgédid* ou milice organisée à l'européenne.

Ce vaste édifice devant lequel nous arrivons et dont la porte s'ouvre à une foule empressée, c'est le palais du grand-visir, c'est la SUBLIME-PORTE. Plusieurs fois détruit par les flammes et toujours reconstruit sur le même plan, ce palais n'a rien de grandiose à l'extérieur. La richesse et la somptuosité orientales se font remarquer à l'intérieur. Le marbre et les ornements d'or sont prodigués dans les salles où le premier ministre donne ses audiences. Un souvenir tragique se rattache à cette résidence ministérielle : c'est dans une de ses tourelles que Baïraktar, visir de Mustapha, pour échapper au ressentiment des Janissaires, dont il avait combattu les prétentions séditieuses, se fit sauter en mettant le feu à des barils de poudre. Depuis cet événement, la Sublime-Porte n'a été troublée par aucun incident digne d'être signalé.

Les scènes les plus pacifiques s'y succèdent périodiquement. Seulement, il n'est pas rare de voir, devant le palais, des malheureux subissant la peine de la bastonnade ; car c'est là que le premier ministre rend la justice, en même temps qu'il y traite les affaires politiques avec les premiers drogmans des ambassadeurs, et qu'il y entend les réclamations des commerçants européens.

En nous dirigeant sur la mosquée d'Aya-Sofia, nous nous arrêterons devant *Yeré-Batan-Seraï*, ou le *palais souterrain*, une des plus vastes et des plus remarquables citernes de Stamboul. Connu autrefois sous le nom de *Cisterna basilikè*, ce réservoir offre une série de voûtes en briques supportées par des colonnes de marbre, dont un grand nombre sont couronnées de chapiteaux de divers ordres d'architecture. Il est principalement destiné à conserver de l'eau pour les temps de sécheresse, et à alimenter les fontaines du sérail impérial pendant six mois de l'année.

Le quartier que nous parcourons est le plus beau ; des rues spacieuses et bien pavées conduisent à des édifices remarquables autant par leur magnificence que par leur dimension. Le premier que nous rencontrons après Batan-Seraï, c'est Sainte-Sophie, la célèbre basilique grecque convertie en mosquée par le conquérant de Stamboul.

Constantinople possède, comme nous l'avons déjà dit, trois cent quarante-six mosquées, grandes et petites. Dans ce nombre on en compte treize dites *impériales* ; ce sont : Sainte-Sophie, Sultan-Ahmed, la Souleïmaniyé, l'Osmaniyé, la mosquée de Mahomet II, celle de Bajazet II, celle de Sélim Ier, d'Eyoub, de Lalèli ou des Tulipes, de la sultane Validè, mère de Mahomet IV, d'une autre Validè, mère de Mustapha II et d'Ahmed III, de Chah-Zadè et d'Abdoul-Hamid en Asie. Sainte-Sophie et la mosquée de Sultan-Ahmed occupent le premier rang parmi ces édifices.

Fondée par Constantin-le-Grand, réédifiée par Constance, détruite et de nouveau restaurée par Arcadius et Théodose-le-Jeune, Sainte-Sophie ne devint ce qu'elle est aujourd'hui que lorsque, sous le règne de Justinien, elle eut été entièrement rebâtie par Anthémius et Isidore de Milet. Son extérieur n'a rien qui flatte le regard ; les contreforts qui étaient le monument empêchent qu'on remarque l'élégance de quelques-unes de ses parties et surtout de la coupole, dont la forme est réellement aérienne. Mais si l'on peut pénétrer dans l'intérieur, ce qui ne laisse pas d'être difficile, on ne tarde pas à reconnaître que la célébrité de ce temple, dédié à la sagesse divine, n'est pas usurpée.

La mosquée est précédée de deux vestibules semblables à ceux qu'on voit dans toutes les anciennes églises grecques. Sur ce parvis s'ouvrent neuf portes qui donnent entrée dans l'intérieur et dont le cadre est en marbre blanc. A droite et à gauche sont deux nefs, au-dessus desquelles circule une galerie à portiques reposant sur un double rang de colonnes de vert antique, de porphyre et de marbre ; cette galerie qui, revenant du côté de la façade, s'étend le long du second vestibule, était autrefois consacrée aux femmes qui, comme on sait, étaient séparées des hommes dans les cérémonies religieuses. La coupole, dont l'élévation étonne le regard, est soutenue par huit énormes colonnes de porphyre et par quatre-vingt-douze autres de jaspe, de serpentin ou de marbre d'une grande beauté. Elle s'élève au-dessus de plusieurs demi-dômes, dont un surmonte le sanctuaire, les autres couvrant des galeries qui communiquent entre elles au moyen de celles dont nous avons parlé. Le pavé de la mosquée se compose d'une mosaïque faite de fragments de marbres variés. On aperçoit sur la chaire [les deux étendards que Mahomet II y planta comme symbole du triomphe de l'islamisme sur la religion du Christ. L'intérieur du temple ne reçoit pas le jour, comme les rotondes des anciens, par une seule ouverture centrale, ouverture qui laissait les temples de la Divinité exposés à toutes les injures de l'air ; la lumière pénètre dans la mosquée par vingt-quatre fenêtres, système préférable sous plusieurs rapports.

Le dôme de Sainte-Sophie est couvert de morceaux de verre posés sur des plaques de métal doré ; l'éclat dont brillent ces riches mosaïques, lorsqu'elles sont frappées par les rayons du soleil, signale de loin la grande basilique à la vénération des fidèles. Les Turcs avaient, à une certaine époque, détruit le prestige en couvrant de plâtre cette surface resplendissante ; mais cette espèce de linceul jeté sur un temple éblouissant de magnificence ne tarda pas à être enlevé ; l'or et les couleurs du dôme de Sainte-Sophie furent rendus à l'admiration des curieux et à la lumière du soleil.

On voyait autrefois s'élever près de la coupole un clocher à la forme élancée; une tour circulaire l'a remplacé, et c'est du haut de ce *minaret*, qu'accompagnent trois autres tours semblables, que la voix du muezzin appelle les croyants à la prière.

En sortant de la mosquée on remarque dans l'enceinte où elle s'élève plusieurs bâtiments surmontés de dômes et isolés du temple; ce sont autant d'édifices consacrés à la culture des sciences, de la philosophie et de la littérature, par le conquérant de Constantinople, qui, en dépit de la réputation de barbarie que lui ont faite ses contemporains, ne cessa d'encourager parmi ses sujets le progrès des lumières.

Nous continuons notre promenade dans ce beau quartier et nous arrivons au Séraï. Sur la place qui le précède nous admirons l'élégance de la fontaine construite par ordre de Sultan-Ahmed III.

Le voyageur connaît déjà le palais de Sa Hautesse. Toutefois il est bon qu'il vérifie l'exactitude de notre description et qu'il voie lui-même les parties de cette enceinte que le bon plaisir des autorités abandonne à la curiosité publique. Qu'il franchisse donc le seuil de Babi-Houmayoun; mais pour tout ce qu'il ne pourra visiter, il sera obligé de s'en rapporter à ce qu'il a lu.

Sur le terrain que nous foulons depuis quelques instants s'élevaient autrefois des monuments dont nous cherchons en vain les traces. Les Thermes de Zeuxippe, d'Achille et d'Honorius; le Sigma, le Forum, l'Augustéon, le Milliaire d'or;

l'Octogone, d'autres édifices dans lesquels l'art grec avait déployé toutes ses ressources et ses splendeurs, ont disparu, jusqu'au dernier vestige, de ce sol où le vent de la destruction a si souvent soufflé.

Cependant si nous avançons vers l'Hippodrome, nous verrons encore quelques ruines qui réveilleront nos souvenirs.

Ce vaste cirque était autrefois entouré de portiques et orné de statues. C'était là que les Romains dégénérés du Bas-Empire dépensaient follement les restes de leur énergie dans de frivoles distractions ; c'était là que les factions des *bleus* et des *verts*, composées des amateurs des jeux du cirque, discutaient les intérêts du trône et de la nation, réglaient les destinées de l'un et de l'autre, et versaient leur sang dans de puériles querelles, tantôt pour obtenir la préséance dans une procession solennelle ou dans un cortége triomphal, tantôt pour se disputer les faveurs du souverain, que ces luttes stériles préoccupaient souvent beaucoup plus que les soins du gouvernement. Le pouvoir était passé dans les mains de la coterie la plus puissante ; lois, usages, mœurs, costume, tout subissait la désastreuse influence du parti dominant ; les plus hautes fonctions de l'Etat étaient le prix de la victoire dans l'enceinte consacrée aux courses, et parfois le plus habile cocher trônait auprès de César. Rome était tout entière dans l'Hippodrome, et la ruine de l'empire le plus colossal se consomma au bruit des chars roulant sur l'arène[1].

(1) M. DE HAMMER, à qui rien de ce qui concerne l'Orient n'est étranger, a publié sur les factions de l'Hippodrome un mémoire très curieux dans lequel

Aujourd'hui ce théâtre des folies d'un peuple énervé n'offre plus, dans ce qui formait autrefois son enceinte, que des restes méconnaissables; seulement un des côtés de la place a été choisi par le sultan Ahmed pour y élever la magnifique mosquée qui porte son nom.

Des souvenirs plus récents, et aussi plus tragiques, se rattachent à l'At-Meïdani. C'est là que, le 16 juin 1826, fut établi le camp impérial d'où partit l'ordre de l'extermination des Janissaires.

Fondée à une époque où l'empire ne comptait que quelques provinces en Asie-Mineure, l'institution des Janissaires[1] contribua très puissamment à reculer les limites des possessions ottomanes et à répandre au loin la terreur du nom turc. Mais lorsque l'ardeur des conquêtes eut fait place à un besoin impérieux d'organisation et d'ordre, cette milice, dont les nécessités de la guerre avaient motivé la création, et que ses éminents services avaient fait investir de nombreux priviléges, désormais condamnée à l'inaction, devint un fardeau pour l'Etat. Abusant des droits exorbitants dont elle jouissait comme corporation à la fois militaire et religieuse, elle s'arrogea le contrôle des actes émanés de l'autorité souveraine. Peu à peu son insolence, enhardie par l'impunité, s'accrut au point de s'ériger en arbitre de la succession au trône; pas de sultan, pas de prince du sang impérial qui ne tremblât pour sa vie,

on trouve les renseignements les plus détaillés et les plus exacts sur Constantinople et les mœurs du Bas-Empire.

(1) En turc *yeni-tcheri, nouvelle milice.*

incessamment menacée par cette soldatesque audacieuse. La plupart des *révolutions du sérail* qui, dans cette période, changèrent le personnel de la Sublime-Porte, furent l'œuvre des Janissaires. Point de sécurité possible dans la capitale, car les simples sujets n'étaient pas plus que le maître à l'abri des violences de ces tyrans ; si l'émeute frappait souvent à la porte du palais de Sa Hautesse, la brutalité capricieuse des rebelles atteignait aussi l'humble Musulman et le Franc, que les traités ne protégeaient pas contre les injures de ces soldats effrontés. Mais ce n'étaient pas là les seuls titres des Janissaires au ressentiment et au mépris du prince et de la nation ; avec le respect des institutions les plus vénérables, ils avaient perdu leurs habitudes guerrières ; la lâcheté avait remplacé dans leur cœur ce mâle courage que tant d'actions héroïques avaient signalé sur les champs de bataille ; en un mot l'indiscipline et la mollesse, jointes à une démoralisation complète, avaient brisé le faisceau de ces forces dont Hadgi-Begtach, fondateur de l'institution, avait fait autrefois l'élément vital de l'empire.

Tant d'excès auraient infailliblement amené la ruine de la puissance ottomane, s'il ne s'était pas trouvé un homme assez résolu pour oser se mesurer avec ce pouvoir despotique éclos dans une caserne. Cet homme fut Mahmoud II, sultan actuel. Depuis longtemps convaincu de la nécessité d'en finir avec ces ennemis de tout progrès, il saisit avec empressement la première occasion favorable qui se présenta. Ce fut le 16 juin 1826 qu'eut lieu l'exécution de ce hardi projet. Par ordre du Muphti, l'étendard sacré fut déployé, et tout Musulman fidèle solennellement invité à prendre les armes. Des tentes furent dressées sur la place de l'Hippodrome, et là le Grand-Vizir, entouré des principaux dignitaires de l'empire et d'une foule d'Oulémas, donna, d'après Sa Hautesse, restée au Séraï, l'ordre de livrer bataille aux Janissaires révoltés. Il se fit alors un mouvement formidable parmi les troupes et le peuple rassemblés autour du camp impérial. Cette masse furieuse se porta sur l'Et-Meïdani[1], place située devant les casernes des Janissaires. Les insurgés furent attaqués de tous les côtés, et tandis que la mitraille les balayait au dehors, l'incendie allumé par ordre du sultan dans le bâtiment qui leur était consacré chassait à l'extérieur ceux qui avaient cru trouver un asile derrière ses murailles. On évalue à huit mille le nombre de ceux qui succombèrent dans cette terrible journée, soit sous le feu du canon ou dans l'incendie, soit par jugement du tribunal de circonstance qui siégeait à l'Hippodrome. Enfin la victoire resta au souverain, qu'un heureux coup d'état venait de délivrer de tyrans importuns.

Après cet événement, qui a mérité à Mahmoud le surnom de *Fethy*, vainqueur, quinze mille Janissaires furent renvoyés dans leurs foyers, et l'anathème fulminé par le prince resta suspendu sur la tête des proscrits, à tel point qu'aujourd'hui même nul ne peut sans crime prononcer leur nom.

Avant de quitter l'At-Meïdani, arrêtons-nous un instant

(1) Il ne faut pas confondre cette place avec l'At-Meïdani, l'ancien hippodrome.

devant quelques débris précieux qui subsistent sur cette place. L'obélisque que nous remarquons au milieu du cirque a été érigé sous le règne de Théodose. C'est un monolithe de soixante pieds de haut; renversé par un tremblement de terre, il fut replacé sur son piédestal au moyen de câbles mouillés. Proclus, préfet du prétoire, chargé de cette opération, y employa trente-deux jours, ainsi que nous l'apprend une des inscriptions qui couvrent le piédestal.

La colonne Serpentine, qu'on voit non loin de l'obélisque, figurait autrefois dans le temple de Delphes, où elle servait à supporter ce fameux trépied d'or consacré par les Grecs à Apollon, après la défaite de Xerxès à Platée. Le fût de la colonne, composé de trois serpents enlacés, offrait autrefois, à son extrémité, les têtes des trois reptiles, probablement destinées à recevoir le trépied sacré. Ces têtes, qui formaient le chapiteau, n'existent plus.

Le troisième débris sur lequel se portent nos regards, est une pyramide en briques qui n'offre plus aucun intérêt depuis qu'elle a été dépouillée des plaques de bronze dont Constantin Porphyrogénète l'avait fait recouvrir.

Nous sommes enfin devant la mosquée de Sultan-Ahmed, l'une des plus belles, si ce n'est la plus remarquable, de toutes celles que possède Constantinople. Vu de loin, et surtout des hauteurs de la Propontide, ce temple, beaucoup mieux situé que Sainte-Sophie, offre un merveilleux coup d'œil. Ces séries de demi-dômes qui fuient sous le regard, cette coupole qui s'élève gracieusement dans les airs, ces flèches élancées,

dont les pointes déliées semblent, à une certaine distance,
autant d'aiguilles suspendues entre le ciel et la terre, tout cela
produit un effet magique dont le voyageur ne saurait négliger
la jouissance.

Une particularité digne d'être signalée distingue Sultan-
Ahmed Djamissi ; cette mosquée est la seule qui ait six minarets à trois galeries ; son fondateur ne put obtenir ce privilége
qu'à la condition, imposée par les Oulémas, d'ajouter un septième minaret à la mosquée de la Mecque, qui ne pouvait
pas perdre la première place parmi les temples de l'islamisme.
Si le voyageur peut en avoir la permission, qu'il monte à une
de ces tourelles ; il y jouira d'un spectacle dont nul autre
point de vue ne lui retracera les beautés.)

Il est temps que nous retournions sur nos pas pour regagner le port. Laissons donc la mosquée d'Ahmed derrière
nous et allons visiter la *citerne aux mille colonnes*, située
dans le voisinage. Ce réservoir, construit du temps de Constantin, offre deux cent vingt-quatre colonnes de marbre blanc.
Il est aujourd'hui comblé et renferme un établissement indus-
triel. A quelques pas de là nous rencontrons une autre citerne
beaucoup moins considérable, mais fort bien conservée et
d'une belle construction.

En remontant dans la direction du port, nous nous trouvons bientôt devant la mosquée de Sultan-Osman, terminée
l'an 1755 par des architectes grecs ; c'est la moins grande,
mais aussi la plus élégante des mosquées impériales. Nous ne
voyons ici que deux minarets et point de demi-dôme. La

coupole est isolée et d'une légèreté remarquable. Ce temple, dans lequel le marbre blanc a été prodigué, renferme un magnifique tombeau de porphyre creusé dans un bloc de huit pieds de long sur cinq pieds et demi de largeur et quatre pieds cinq pouces de haut. On croit qu'il a contenu les cendres de l'empereur Constantin.

A gauche de l'Osmaniyé nous voyons un *bésestin* et plusieurs *khans*. Les *bésestins* sont des bâtiments spacieux qui servent de magasins pour les marchandises précieuses et surtout pour les étoffes. Ces édifices, construits à l'épreuve des incendies, offrent plusieurs dômes de forme assez élégante. Les *khans* sont des espèces d'entrepôts dans lesquels les négociants de passage se logent avec leurs marchandises. Ils sont d'ordinaire fondés par la piété ou la vanité de riches Musulmans qui consacrent à leur érection des sommes considérables. Les karavansérais ou hôtelleries prennent aussi le nom de *khan*.

Le khan de la sultane Validé, qui est le dernier sur la gauche, est situé tout auprès d'Eski-Séraï, ancien palais impérial bâti par les ordres de Mahomet II. Cette enceinte, qui n'a pas moins d'un mille et demi de développement, après avoir été consacrée à recevoir les femmes des sultans décédés et les kadines répudiées, est devenue, comme on l'a vu précédemment, la résidence du généralissime des troupes ottomanes.

La mosquée de Sultan Soliman, qui se voit près du vieux Séraï, est la plus élevée et peut-être aussi la plus belle des

4

mosquées impériales. Dans une des cours qui la précèdent
on remarque le tombeau de Soliman-le-Magnifique et celui
de la célèbre Roxelane. Des demi-dômes et d'élégantes coupoles surmontent les divers compartiments de l'intérieur. Le
dôme principal a soixante-huit pieds de diamètre et est flan-
qué de quatre minarets. Ici c'est le vert antique qui domine,
comme le marbre blanc dans l'Osmaniyé. Quatre colonnes de
granit hautes de soixante pieds, et qui, dit-on, proviennent
de la ville d'Éphèse, excitent l'admiration des curieux admis
à visiter ce beau monument.

En général l'enceinte des mosquées renferme des bâtiments
d'utilité publique, tels que des hôpitaux, des *médrésé* ou
colléges, et des *imarets*, ou hôtelleries dans lesquelles on fait
des distributions de vivres aux pauvres et aux étudiants.
L'imaret qui dépend de la Souleïmaniyé est spacieux et
bien construit; quant à l'hôpital des fous, qui se voit auprès,
il serait remarqué même en France, où l'on apporte tant de
soins à la construction et à l'administration des hospices.

Dans les environs de la mosquée de Soliman on rencontrait, il y a quelques années, des Musulmans aux joues
creuses, au teint pâle, à la taille voûtée, et dont le regard
trahissait le délire qui les agitait; c'étaient des *thériakis* ou
preneurs d'opium, pauvres maniaques chez lesquels l'usage
des pilules empoisonnées a émoussé les facultés intellectuelles
en même temps que les forces physiques, et qui ont besoin
de recourir à leur drogue favorite, dont ils augmentent
chaque jour la dose, pour retrouver le sentiment de l'exis-

tence, éteint dans ces organisations délabrées. Pour un étranger, le spectacle de ces extases, dont l'ivresse ordinaire ne
saurait donner une idée, vaut la peine qu'on l'examine.
C'était dans les cafés qui avoisinaient la Souleïmaniyé que se
distribuaient autrefois les préparations d'opium, et le voyageur pouvait, en s'asseyant sous le frais ombrage du berceau
qui règne le long de ces cafés, contempler, en se reposant,
ces scènes étranges. Mais les thériakis ne fréquentent plus ce
lieu; c'est ailleurs qu'il faut les chercher.

A quelque distance de la mosquée, on passe devant un vaste
bâtiment, ancienne résidence de l'agha ou chef des Janissaires,
aujourd'hui habité par le Cheïkh Islam; c'est là que, du haut
d'une tour, des gardiens placés en vigie signalaient les incendies qu'ils apercevaient au loin. Le feu est un des fléaux
qui désolent le plus souvent Constantinople. Malgré l'empressement des ministres, et même du Sultan, à se rendre
sur le lieu de ces événements, il s'y passe toujours des scènes
on ne peut plus répréhensibles. On a vu quelquefois les
pompiers favoriser la cupidité barbare des voleurs en aug-
mentant inutilement le désordre et en négligeant d'éteindre le
feu, de telle sorte que les malheureux habitants des maisons
incendiées sont obligés de payer au poids de l'or un secours sérieux et efficace[1]. Il est vrai que, si ces indignes manœuvres sont découvertes, les coupables sont à l'instant

______

(1) Plusieurs auteurs respectables ont dit que les pompiers de
Constantinople versaient quelquefois sur les maisons enflammées de
l'huile au lieu d'eau. Cela n'est guère croyable, et par une excellente
raison : c'est que l'huile coûte à Constantinople 60 paras l'oque.

même précipités dans le feu ; mais ces rigueurs n'intimident pas l'audace des coupables. Les voleurs se donnent aussi rendez-vous sur le théâtre des incendies, et ils affrontent tous les dangers pour s'approprier les richesses des infortunés dont les flammes détruisent la propriété ; aussi lorsque le feu éclate dans l'intérieur d'une habitation, s'efforce-t-on d'en dissimuler les indices le plus longtemps possible, dans la crainte que le cri d'alarme n'attire la foule des malfaiteurs dont Constantinople est infestée, comme les autres capitales.

Si le voyageur récapitule les magnifiques monuments devant lesquels il s'est arrêté pendant cette intéressante excursion, s'il se retrace le tableau des lieux qu'il a parcourus, il restera convaincu de la mauvaise foi ou de l'absurdité des écrivains qui ont fait de Stamboul la ville la plus hideuse dans son intérieur, un cloaque immonde où l'étranger ne sait en quelque sorte où poser le pied. Les rues, les places, les carrefours que nous venons de traverser, respirent un air de grandeur et de propreté tout-à-fait dignes des plus belles villes européennes. Il y a donc à Constantinople, à côté de quartiers fangeux et malpropres, des localités où la beauté des rues s'harmonise avec la magnificence des édifices publics.

Nous voici enfin sur le rivage du port, où nous sommes parvenus en passant par la Porte du Bois (*Odoun-Kapoussi*). Un caïk nous reçoit, et nous voguons paisiblement vers Top-Khana, d'où nous regagnons le quartier des Francs.

CONSTANTINOPLE.

Aujourd'hui nous nous embarquerons à *l'échelle des Morts*
(*Meït-Iskèlessi*), l'un des embarcadères de Galata, et nous
mettrons pied à terre près de la *Porte-Sainte (Ayasma-Ka-*
poussi).

Dirigeons-nous d'abord vers Sultan-Yeni-Djamissi, la *nou-*
velle mosquée de la Sultane ; puis, prenant à droite, gravissons la colline qui se présente à nous et allons visiter la
mosquée des Églises (Kilissè-Djamissi), dont la fondation
est due à Anastase Ier. C'est l'ancien couvent du Pantocrator,
et le lieu où les Latins établirent leur quartier-général
quand ils se furent rendus maîtres de la ville. Autrefois

composée de cinq nefs surmontées de coupoles, cette église n'offre plus aujourd'hui que le vaisseau principal et deux nefs latérales. Quant au parvis, formé jadis de deux vestibules, de beaux marbres disposés par compartiments en font reconnaître la place. Devant la mosquée est un tombeau de vert antique qui passe, comme le sarcophage de l'Osmaniyé, pour avoir contenu les cendres de Constantin, et qui renferme aujourd'hui l'eau des ablutions.

Près de là s'étendent les voûtes d'une citerne qui n'a rien de bien remarquable. Le magasin aux grains (*Tchoukour-Hammam*) attirera plutôt notre attention, à cause de son origine qui remonte au Bas-Empire.

La *mosquée du Conquérant (Mohammediyè)* s'élève dans le voisinage. Elle fut construite par un Grec nommé Christodule, à qui le sultan donna pour récompense une rue tout entière. Cet édifice occupe, dit-on, l'emplacement de la magnifique église *des Saints-Apôtres,* bâtie par Constantin pour recevoir les cendres des empereurs. Du reste, nous trouvons ici la répétition, à peu de chose près, de ce que nous avons déjà vu dans les autres mosquées impériales, tant à l'extérieur qu'à l'intérieur. Nous remarquons cependant, sur la porte d'entrée, une inscription dont voici le sens : *Ils prendront Constantinople ; heureux le prince, heureuse l'armée, qui en feront la conquête !* Au nombre des bâtiments qui dépendent du temple, les bains, qui passent pour les plus beaux de Constantinople, doivent fixer nos regards. On les reconnaît à d'élégantes coupoles percées à jour.

Nous ne devons pas non plus négliger de voir le tombeau du conquérant, sur lequel les nouveaux sultans, après avoir été ceints du glaive, à Eyoub, viennent se prosterner et invoquer le génie du vainqueur de Constantin.

Il ne faut pas dédaigner de parcourir le marché aux chevaux (*At-Bazari*) situé sur le terrain qui environne la Mohammediyè. Cet établissement, dans lequel les selliers et autres ouvriers travaillant sur acier exposent les produits de leur industrie, offre à la curiosité des passants des ouvrages où le luxe le dispute à l'élégance.

L'aqueduc de Valens, vers lequel nous dirigeons nos pas, réunit la troisième et la quatrième colline de Constantinople, c'est-à-dire celle au sommet de laquelle s'élève la mosquée de Mohammed et celle que couronne Bayezid-Djamissi. Construit par l'empereur Valens vers l'an 366, cet aqueduc, que les Turcs nomment *Bozdo-ghan-Kèmèri*, offrait autrefois deux rangs de majestueuses arcades ; la galerie supérieure a été détruite en partie ; mais cela n'empêche pas que les eaux ne trouvent passage dans ce qui reste, pour alimenter la ville et le séraï impérial. Tel qu'il est, l'édifice, qui a dû avoir au moins 600 toises de long, en a aujourd'hui trois cent quatorze, et soixante-dix pieds de haut. La situation de ce monument, héritage des empereurs romains, ajoute encore à sa beauté. Du sentier tracé à la partie supérieure, le regard embrasse un panorama immense et varié ; dans toutes les directions ce sont des perspectives enchanteresses, des sites où le pittoresque se mêle au grandiose. En somme, cet endroit est

un des plus intéressants de Constantinople et mérite d'occuper une des premières places sur les tablettes des voyageurs.

Sur la colline opposée nous apercevons la mosquée de
Chah-Zadè, en face de laquelle étaient situées les vastes et
belles casernes des Janissaires détruites dans la révolution
du 16 juin 1826. Mais restons sur l'élévation que domine la
mosquée du Conquérant ; faisons seulement quelques pas sur
le versant méridional, et nous arriverons devant la colonne
de Marcien appelée *Kyz-Tachi* par les Turcs. Toutefois, nous
ne pouvons examiner de près ce débris de l'art grec qu'en
donnant une légère rétribution à son propriétaire, car il se
trouve dans l'enceinte d'une maison particulière dont le maître rançonne sans scrupule la curiosité des promeneurs. On
croit que le bloc qui s'aperçoit sur le chapiteau contient les
cendres de Marcien. La hauteur du monument, y compris le
piédestal, est de trente-cinq pieds.

L'endroit où nous nous trouvons est environné de mosquées devant lesquelles nous passons avec indifférence, car
elles nous paraîtraient peu de chose auprès de celles que nous
connaissons déjà.

L'ancien quartier des Janissaires s'étend aussi près du lieu
où nous sommes arrêtés. Ainsi le souvenir de cette milice vit
partout dans Stamboul ; et alors même que de nombreux monuments et de tristes débris ne raconteraient pas la célébrité
de cette troupe dont le passé appartient désormais à l'histoire,
ses exploits et ses crimes n'en resteraient pas moins écrits en
traits ineffaçables dans la mémoire des Musulmans.

Pour gagner un autre quartier, nous suivons la rue Divan-Yolou. Nous verrons successivement sur notre route le mausolée de Souleïman-Pacha, les mosquées de Nichandji-Pacha, de Chemli-Kammam et de Kara-Gumruk. Puis, en nous dirigeant sur la droite, nous arriverons à la mosquée de Sélim Ier, à côté de laquelle est situé le *Jardin creux* (*Tchoukour-Bostan*), espace de terrain qu'occupait autrefois une des grandes citernes à ciel ouvert, et où les eaux ont insensiblement amassé des alluvions d'une extrême fertilité.

Ce n'est pas sans peine que nous avons atteint la Sélimiyè, car cette mosquée est située sur une colline assez escarpée qu'on gravit lentement dans les grandes chaleurs. Mais la belle perspective qui se découvre à nos yeux nous fait oublier l'ennui du trajet que nous venons de faire. Notre vue embrasse en effet une grande partie des localités qui environnent Constantinople, et les hauteurs d'Eyoub que nous visiterons plus tard. Nous ne retrouvons pas dans la mosquée fondée par Sultan Sélim Ier, l'élégance et la légèreté que nous avons remarquées dans les autres djamissi. La coupole est peu gracieuse, et les arcs-boutants placés sur son pourtour pour l'étayer achèvent de lui donner un aspect de pesanteur désagréable à l'œil ; mais la richesse des portiques nous dédommagera quelque peu, car nous y verrons des colonnes de marbre dignes de figurer auprès de celles dont nous avons déjà admiré la beauté. Du reste, ici comme dans tous les temples musulmans, un caractère de grandeur et de majesté provoque le respect et élève la pensée du voyageur. L'impression qu'on éprouve en contemplant ces beaux édifices est beaucoup plus profonde que celle qu'on ressent à la vue d'une église chrétienne d'Europe. La différence de sensation est naturelle : ici c'est l'impiété ou la fausse dévotion, là c'est la foi fervente et désintéressée ; or, l'esprit de l'homme est toujours plus doucement ému par la vérité que par le mensonge, par les manifestations d'une croyance à l'abri du soupçon que par les hypocrites démonstrations du scepticisme.

Une faible distance nous sépare du Fanar, quartier que nous ne pouvons nous dispenser de visiter. Nous rencontrons encore des mosquées, entre autres celle de Divan Ali-Pacha, mais elles n'attirent pas longtemps notre attention.

Le Fanar, Fènèr ou Fanal, est le quartier des Grecs, ou plutôt des familles princières de cette nation. Le patriarche des orthodoxes y réside dans un palais de bois à l'aspect sombre, placé sur une colline. On y voit aussi les demeures de ces individus de noble race qui, quoique faisant partie de la nation vaincue, et menant une existence précaire sous l'autorité des souverains ottomans, se bercent encore de rêves de grandeur, et emploient toutes les ressources de leur imagination à conduire des intrigues, dans lesquelles il leur arrive parfois de laisser leur tête. Comme l'emploi de drogman auprès de la Sublime-Porte ouvre un vaste champ aux manœuvres adroites des ambitieux, ces fonctions sont briguées par les Fanariotes qui y voient un moyen d'atteindre leur but. Aussi la société du Fanar est-elle la pépinière qui fournit au gouvernement la plus grande partie de ses interprètes officiels. C'est également parmi les familles éminentes de ce quartier que le sultan choisissait, il y a encore peu d'années, les hospodars de Valachie et de Moldavie.

Les Grecs de Constantinople ont payé cher, en 1827 et 1828, l'hospitalité que les Turcs ont bien voulu leur donner dans Constantinople, depuis leur installation dans cette capitale. A l'époque de la guerre de l'indépendance, les malheureux Fanariotes eurent à souffrir, de la part de leurs maîtres, les plus cruels traitements. Pendant une certaine période, ils furent en butte à la brutalité du peuple et des grands ; plus d'une rue du Fanar fut même arrosée du sang de ces martyrs. Il est vrai qu'ils usaient largement des licences qu'on leur accordait quelquefois durant certaines trèves. Ainsi un voyageur raconte que les Grecs célébrèrent publiquement l'arrivée de lord Cochrane et du général Church dans leur patrie, et qu'ils firent retentir les places de leur quartier de leurs chants révolutionnaires, triste et ironique compensation des maux qu'ils avaient soufferts et de ceux qu'ils avaient encore à souffrir. Depuis la réaction dont ils furent victimes, après la bataille de Navarin, ces débris dispersés d'une nation déchue ont retrouvé la même position qu'ils avaient autrefois à Constantinople. La tolérance des autorités leur est acquise, et ils en jouissent avec d'autant plus de tranquillité que leurs tyrans les plus impitoyables, les Janissaires, n'existent plus.

La physionomie du Fanar ne répond pas à la célébrité de ce quartier. On n'y voit guère que des rues étroites, sales et tortueuses, des maisons de chétive et triste apparence, et une population généralement mal vêtue. L'intérieur des habitations est également malpropre et repoussant, à l'exception toutefois du deuxième étage, où le luxe oriental brille dans tout son éclat. Le contraste singulier qu'offre cette partie des maisons grecques avec les appartements du rez-de-chaussée et du premier s'explique par la destination des étages; ceux du bas sont occupés par les hommes, ceux du haut sont réservés aux femmes. C'est dans ces sanctuaires, où tout annonce la richesse et invite au plaisir, que les Fanariotes, après avoir rempli leurs fonctions auprès des ministres ou de Sa Hautesse, et avoir échangé contre de magnifiques vêtements la livrée plus que modeste de leur condition, viennent donner à l'amour le reste de la journée et rêver à leurs projets favoris de puissance.

Nous avons à visiter dans le quartier du Fanar l'église patriarcale, celles de Métochiaghios, de Georgios - Potiras, de Muglia-Panaghia, le palais Valaque (*Vlah-Séraï*), destiné aux princes de Valachie et de Moldavie, et enfin Féthiyè-Djamissi, autrefois église et couvent du Pantépoptou (celui qui voit tout). L'église patriarcale, qui est divisée en trois nefs séparées par des colonnes imitant le vert antique, renferme la chaire tout en ivoire de saint Jean-Chrysostôme, le corps de sainte Euphémie, celui de la mère des Machabées et la fameuse colonne où Jésus-Christ fut, dit-on, attaché pour être flagellé. Ces objets et ces reliques sont pieusement révérés par les fidèles de l'Eglise grecque. Les autres édifices énumérés ci-dessus ne méritent qu'un coup d'œil en passant.

Nous sortons de Constantinople par la porte du Fanar (*Fènèr-kapoussi*), et, après avoir examiné l'échelle qui est auprès, nous prenons notre route à droite en nous dirigeant vers Djoub-Ali-kapoussi. [Le terrain que nous foulons s'est formé d'alluvions successives, et se compose de diverses matières que les ruisseaux descendant des collines de la ville ont déposées en cet endroit. Cette langue de terre, qui s'étend l'espace d'une lieue et demie entre le port et le mur d'enceinte, s'est peu à peu couverte de maisons et est devenue l'asile d'une foule d'individus que la proximité du port et la liberté dont on y jouit ont attirés dans cette localité. Ces quartiers, qui ne laissent pas d'être considérables, sont ce que les Turcs nomment *Istamboul-Dicharè* (quartier à l'extérieur de Constantinople). Les rues sales et humides que nous parcourons semblent former un cloaque inhabitable ; mais les nombreuses échelles que nous rencontrons nous font apprécier les avantages de ce faubourg. Il est pourtant un inconvénient qui en éloignerait des gens moins insouciants que les Orientaux ; les maisons étant toutes construites en bois, les incendies sont fréquents et terribles dans Istamboul-Dicharè. On se rappelle encore avec effroi, à Constantinople, le désastre dans lequel furent détruits, il y a quelques années, les vastes magasins qui contenaient les huiles destinées à la consommation de la capitale, ainsi que les chantiers de bois de construction. On peut juger de la force de l'incendie qu'alimentaient tant de matières inflammables, et dont l'explosion de plusieurs barils de poudre, déposés chez quelques marchands, augmentèrent encore la violence.

Avant d'atteindre la porte de Djoub-Ali nous pouvons rentrer dans Constantinople pour visiter la mosquée des Roses (*Gul-Djamissi*), ancienne église grecque autrefois connue sous le nom d'*Église du Rosaire*. Le vaisseau de ce temple est bien conservé; il s'élève sur des souterrains qui n'ont de remarquable que leur étendue.

Si la fatigue ne ralentissait pas notre marche, nous pourrions suivre le quartier du bord de l'eau jusqu'à la douane au tabac, après la porte des Prisons (*Sindan-kapoussi*). Dans les environs de la douane, nous rencontrerions inévitablement quelques-uns de ces émirs, prétendus descendants de Fatimah, fille de Mahomet, et qui sont censés guérir toutes sortes de maladies au moyen de certaines simagrées et de certains attouchements magnétiques; mais la longueur de notre excursion ne nous a pas laissé assez de force pour aller jusque-là. Arrêtons-nous donc à l'échelle de la porte aux Farines (*Oun-Kapani-kapoussi*), et si nous ne voulons pas augmenter notre fatigue en traversant le pont de bateaux qui unit depuis peu de temps cette partie de la ville et Galata, nous nous ferons porter en bateau à Meït-Iskelessi, où nous nous sommes embarqués ce matin. Pour cela, il faut remonter un peu le port; mais les flots de la Corne-d'Or sont aussi calmes que ceux d'un lac limpide, et notre caïk a bientôt franchi l'espace qui sépare les deux rives.

Le quartier par lequel nous avons terminé notre excursion

nous a laissé une impression peu agréable; mais le voyageur connaîtrait mal Constantinople s'il se bornait à en parcourir les plus belles parties et à en visiter les monuments les plus remarquables. Pour parler d'une ville, et surtout d'une vaste capitale, en connaissance de cause, il faut l'avoir examinée dans ses plus modestes recoins, avoir passé en revue ses rues et ses impasses les moins engageants; il faut enfin avoir vu toutes les classes de sa population, depuis l'habitant des quartiers les plus splendides jusqu'à l'humble marchand et à l'homme du peuple, dont la demeure est perdue au milieu des faubourgs les plus pauvres.

Constantinople est une ville de contrastes; ce serait donc ne pas vouloir se mettre à même d'en apprécier la physionomie générale que de négliger celles de ses parties qui font ressortir la beauté des autres.

Toutefois, pour ne pas laisser sous ses yeux plus longtemps que de raison le tableau sur lequel ils viennent de se reposer, le voyageur fera bien de revenir à Péra en passant par les petits cimetières situés derrière Galata. L'air frais du soir, le mobile feuillage des cyprès, l'aspect riant de ces lieux d'abord consacrés au sommeil des morts, mais plus tard changés en promenade, la vue du port qui étend sa nappe d'eau resplendissante au pied de la colline, tout contribuera à donner à l'esprit du voyageur ce contentement intime qui laisse l'âme dans un repos plein de charmes.

PÉRA

ET LE GRAND CHAMP-DES-MORTS.

———

Maintenant que le voyageur connaît la ville musulmane, Constantinople proprement dite, il est temps qu'il jette les yeux sur ce qui l'entoure ; assez d'autres objets dignes de toute son attention lui restent à observer. Il ne connaîtrait pas la capitale de l'islamisme s'il ne visitait pas les localités les plus intéressantes de la rive orientale de ce port qu'il a déjà plus d'une fois sillonné.

Sa première excursion aura naturellement pour théâtre le quartier qu'il habite, Péra, qu'il n'a fait jusqu'à présent que traverser à la hâte, et dont la population mêlée a, dès les premiers temps de son séjour, vivement excité sa curiosité ; Péra, avec sa physionomie semi-européenne, avec ses beaux cimetières, promenades favorites des Francs.

Ce faubourg est situé à un quart de lieue du port, sur le sommet d'une colline qui s'élève jusqu'à trois cent trente

pieds au-dessus du niveau du Bosphore. Le nom de *Péra*,
qui en grec signifie *vis-à-vis, en face*, se justifie par la position de ce faubourg relativement à la ville proprement dite.
Le nom turc est *Bey-Oghlou* (le Fils du Prince), dénomination qu'explique le séjour que fit dans cette partie de Constantinople l'empereur Alexis-Comnène après la chute de l'empire grec.

Péra est resté longtemps un hameau de mince apparence,
et n'est connu en Europe que depuis le traité de commerce
et d'amitié conclu, en 1535, par François Ier et le sultan Soliman. A partir de cette époque, ce faubourg devint, par
autorisation spéciale de la Sublime-Porte, la résidence de
l'ambassadeur de France et des Francs qui s'y établirent sous
sa protection. Péra acquit alors une certaine importance ;
toutefois il se peupla lentement, car les ministres étrangers
datèrent longtemps encore leurs lettres et leurs dépêches of-
ficielles *des vignes de Péra.*

Des Arméniens et des Grecs enrichis au service des Turcs,
poussés par l'amour de la liberté, vinrent grossir, sous l'égide
des Francs, le noyau de population qui existait dans ce quartier éloigné. Ces raïas acquirent du fruit de leurs économies
de vastes terrains et y élevèrent d'abord de modestes maisons
de bois, puis des palais en pierre. Peu à peu le nombre des
habitations se multiplia, et ces transfuges de la ville centrale
finirent par expulser insensiblement les Francs de la rue principale. Ces derniers qui, aux termes de l'ordonnance d'autorisation accordée par le sultan, devaient seuls habiter Péra,

furent contraints de céder le terrain aux flots de l'émigration
arménienne et grecque ; ils se réfugièrent aux extrémités du
faubourg et dans les ruelles latérales.

Les troubles politiques qui ont agité la France depuis 1789,
et l'amour effréné des spéculations commerciales qui, depuis
un siècle, a poussé tant d'Européens hors de leur sol natal, ont
contribué puissamment à augmenter le nombre des habitants
de Péra. Tous ces individus, de mœurs et de croyances si diverses, trouvaient dans ce quartier d'une ville musulmane
une si parfaite liberté de religion et de manière de vivre,
qu'ils s'y fixèrent définitivement.

Tel est, en quelques lignes, l'historique de la fondation
de Péra ; aujourd'hui la population en est si variée, que nul
autre quartier de Stamboul n'offre un aspect aussi animé,
aussi pittoresque. La diversité des costumes frappe le voyageur non moins vivement que les différences de types na-
tionaux, et la multiplicité des idiomes complétant l'illusion ,
ui fait croire à la réalisation en Turquie de cette tour de
Babel dont les livres saints ont tracé le fabuleux tableau.

Ce jeune garçon que vous voyez passer les jambes nues,
les pieds enfoncés dans des souliers informes, la tête couverte d'un bonnet rouge ou entourée d'une serviette roulée,
c'est un artisan grec ; cet autre qui porte un bonnet de coton
bleu, c'est un commis marchand ; ce troisième personnage
qui s'avance coiffé d'un kalpak[1] gris ou noir et chaussé de

(1) Espèce de coiffure faite d'une peau d'agneau noir et qui a la
forme d'une marmite renversée.

babouches[1] de même couleur , c'est un négociant , un ban-
quier qui entasse l'or dans son coffre-fort ; vous reconnaîtrez
l'Arménien à la gravité de sa démarche , à son maintien aus-
tère, à son kalpak noir et luisant, à ses babouches cramoisies
et à son large bènich[2] de couleur sombre. Si vous ren-
contrez un homme dont la barbe touffue, le pantalon ama-
ranthe, les babouches jaunes ou les bottines rouges , le tur-
ban cannelé et entouré d'une mousseline blanche nouée sur
le côté , le distinguent des autres habitants du faubourg,
c'est un Turc, un effendi, que vous avez devant vous. Le
Juif, au contraire, se trahit par la pâleur maladive de son
visage, par le caractère abject de sa physionomie, par l'exi-
guité de son kalpak entouré d'une mousseline bleue à fleurs
blanches, par la couleur bleu-clair de ses babouches, enfin
par la saleté de son bènich. Le soldat des nouvelles troupes
turques est reconnaissable à sa veste ronde, à son pantalon
large du haut et serré dans le bas, à son bonnet cylindrique
en laine rouge , surmonté d'une houppe de soie blanche qui
retombe en arrière. L'habit et le chapeau européens se font
aussi remarquer dans les rues de Péra, et la comparaison avec
le costume oriental ne leur est pas favorable. Enfin , et pour
compléter le tableau , les femmes ne sont pas aussi rares dans
les rues de ce quartier que dans celles de la ville centrale,
quoiqu'elles mènent une vie plus modeste et plus retirée que
les femmes d'Europe. Embonpoint remarquable, yeux noirs

(1) Pantoufles pointues.
(2) Manteau à manches fendues.

encadrés par d'épais sourcils, belle carnation, yachmak [1] de mousseline blanche, ample fèredgè [2] dont le revers, au mépris des prohibitions légales, tombe, en signe d'opulence, jusqu'à terre, tel est le signalement des Arméniennes. Le voile de gaze noire appliqué sur le visage cache une femme d'Alep. Une taille svelte et peu élevée, un voile indiscret qui laisse voir des yeux vifs et agaçants, un fèredgè négligemment jeté autour du corps, comme s'il était porté à regret, vous signalent une Grecque; moins coquettes, les Pérotes s'affublent d'un habillement moitié franc, moitié oriental, et d'un aspect peu gracieux.

Mais c'en est assez pour désigner au voyageur les individus qu'il rencontrera dans les rues étroites du quartier franc. Parcourons maintenant le faubourg et arrêtons-nous devant les monuments et dans les localités qui méritent le plus de fixer notre attention.

Commençons par la partie que baignent les eaux du port; nous terminerons notre excursion par la partie supérieure et par le Grand-Champ-des-Morts.

En arrivant sur le rivage, à l'extrémité de l'anse que forme le port dans cet endroit, on aperçoit le vaste palais du grand-amiral (le divan-khanè), qui brûla en 1831 et fut reconstruit plus magnifiquement, en 1835, pour le capitan-

____

(1) C'est le nom qu'on donne au voile dont les femmes turques et rayas s'enveloppent la tête.

(2) Grand manteau que portent également les femmes orientales, turques ou rayas.

pacha Tahir; en-deçà est située la caserne des *galioundji*
(soldats de la marine) ; ce bâtiment n'a rien de remarquable,
et la mousse qui couvre ses murs atteste l'insalubrité de sa
position. Entre cette caserne et celle des anciens matelots du
Nizam-Djèdid, située à l'autre extrémité de l'anse, s'ouvre
le grand bassin de construction pour les vaisseaux. Ce bassin
a été exécuté, il y a quelques années, d'après le plan d'un in-
génieur suédois. Voilà à peu près tout ce qu'il y a à visiter
sur la rive de Péra.

En remontant vers le centre du quartier, on trouvera le
Petit-Champ-des-Morts, cimetière turc planté de cyprès, et
où de frais ombrages invitent au repos et à la rêverie. Le
voyageur se dirige ensuite vers une longue rue qui traverse
tout le quartier, et qui se termine d'un côté au faubourg de
Galata, et aboutit de l'autre aux abords du Grand-Champ-
des-Morts. A quelque distance de la *tour de Galata*, dans la
grande rue de Péra, on rencontrera un couvent de Mewlewi
ou derviches tourneurs. En visitant cet établissement, on verra,
dans le cimetière qu'il renferme, le tombeau du célèbre comte
de Bonneval, à qui les Turcs ont donné le nom d'Achmet-Pa-
cha, et qui s'éleva à Constantinople au poste éminent de com-
paradgi-bachi, ou général des bombardiers. Ce personnage
embrassa l'islamisme soit par conviction, soit dans un but
intéressé, et les Turcs, glorieux d'une conversion qu'ils at-
tribuaient à l'excellence de leurs dogmes, l'en récompensè-
rent en l'investissant de fonctions importantes. Son tombeau
est encore l'objet de la vénération des Musulmans pieux.

En suivant toujours la longue rue dont il a été parlé , le voyageur trouvera, à quelque distance sur la droite, l'hôtel de l'internonce autrichien. Plus haut, et dans une position agréable , il reconnaîtra l'emplacement de l'ancien palais des ambassadeurs de France qu'un incendie a détruit , ainsi que les résidences des représentants de la Hollande et de l'Angleterre, situées l'une sur la rue même , l'autre au sommet de la colline de Péra. Les vastes dépendances de ces maisons en débris , les jardins enchanteurs qui les environnent , les admirables points de vue dont on y jouit , montrent suffisamment que ces demeures étaient dignes des personnages qui les occupaient. Longtemps avant le désastre qui a détruit les plus beaux bâtiments de Péra, un premier incendie avait réduit en cendres les hôtels de l'ambassade russe et suédoise. Les envoyés de ces puissances sont encore obligés , ainsi que ceux d'Espagne, de Sardaigne et de Naples , d'occuper les plus belles maisons qu'ils ont pu louer dans ce quartier.

En remontant toujours la même rue, on rencontrait autrefois Galata-Séraï, collége où les pages du Grand-Seigneur recevaient leur première éducation et d'où ils sortaient pour entrer dans le séraï de Sa Hautesse. Ce bâtiment détruit par l'incendie de 1831 n'a pas été reconstruit.

Vis-à-vis de Galata-Séraï est une petite place que le voyageur traversera. Cette place sert de bazar ; quelques marchands y étalent des aliments grossiers et d'autres objets de première nécessité.

A partir de ce point, la rue devient singulièrement étroite ;

sur ses côtés sont percées des ruelles plus étroites encore
et bordées de maisons basses de la plus chétive apparence.
Enfin l'espace s'élargit et l'on atteint l'extrémité de la rue.
Ici le coup d'œil est plus varié ; à droite, on voit un cimetière et un des hôpitaux consacrés aux pestiférés grecs ; sur
la gauche, l'hospice français, et tout auprès, celui où l'on
reçoit les malades italiens et autrichiens. L'édifice que l'on
aperçoit plus loin est la caserne de l'artillerie légère ; ce
vaste bâtiment a un extérieur des plus gais et son architecture est assez régulière. Sa situation sur une large esplanade bien nivelée le laisse voir à une grande distance. C'est
surtout pendant les jours de repos qu'il faut visiter cette
localité du faubourg de Péra ; une foule de Grecs et d'Arméniens se rassemblent alors sur l'esplanade de la caserne, et
des scènes intéressantes s'y succèdent jusqu'à la nuit. En été,
cette vaste terrasse est l'aire sur laquelle les cultivateurs
préparent leurs gerbes ; au commencement du mois de juillet
on y porte la récolte des champs voisins, et des bœufs fou-
lent lentement l'épi placé sous leurs pieds. Ces travaux champêtres durent près d'un mois, les paysans ne se pressant
jamais de les terminer, certains qu'ils sont de jouir, à cette
époque de l'année, d'un temps constamment favorable.

De ce point, les regards se portent sur un amas considérable
de petites maisons que dérobaient tout à l'heure à votre vue
la colline sur le flanc de laquelle elles sont situées. Le joli
village que vous découvrez sur la hauteur opposée à cette colline est San-Dimitri. La nuit, lorsque la lampe qui éclaire

les travaux du soir est allumée dans chaque maison du village, et lorsque brille la lumière que les Grecs orthodoxes
consacrent à Panagia[1], on croirait voir une illumination destinée à célébrer quelque jour de fête ; et ce spectacle est
d'autant plus magique que les lieux environnants sont plon-
gés dans une profonde obscurité.)

Nous voici enfin au Grand-Champ-des-Morts, immense cimetière où chaque religion occupe un terrain particulier.
L'espace réservé aux catholiques romains est le premier
qu'on rencontre ; puis vient celui des protestants. L'aspect
désolé qu'offraient autrefois ces deux terrains, qu'aucun arbre
ne couvrait de son ombre, contrastait avec l'air riant des cimetières turcs et arméniens qu'orne une masse considérable
de mûriers et de cyprès. La partie du Grand-Champ-des-
Morts consacrée à la communion protestante offrait surtout,
à l'époque encore récente dont nous parlons, un spectacle
des plus affligeants, par suite des profanations continuelles
dont elle était le théâtre. Lorsqu'on parcourait ce lieu funèbre à l'époque où le sultan se rendait à son palais d'été de
Béchik-Tach, on était douloureusement affecté du désordre
extraordinaire qu'on y remarquait ; les palefreniers chargés
du transport des fourrages du Séraï établissaient leurs tentes
au milieu des tombes des Francs, et y restaient pendant toute
la durée de la belle saison, sans que les représentants des
puissances européennes protestassent contre une aussi scan-

(1) La sainte Vierge.

daleuse impiété. La tolérance de Sultan-Mahmoud a mis un
terme à cet état de choses; la cendre des chrétiens dort paisiblement aujourd'hui à côté de celle des musulmans.

Le cimetière arménien s'étend sur la gauche. Du pavillon
en rotonde qui s'élève à son entrée, on jouit d'un admirable
panorama. Le regard embrasse à la fois le vallon de Dolma-
Baghtchè, le Bosphore, Scutari, les îles des Princes, la mer
de Marmara et le mont Olympe qui se dessine à l'horizon. Le
voyageur devra s'arrêter auprès de ce pavillon, où une foule
de Francs et d'Orientaux fument leur pipe en contemplant la
beauté du spectacle qui se déroule sous leurs yeux.

Le cimetière des Arméniens, loin d'être un lieu funèbre,
est la promenade la plus fréquentée et la plus gaie. Le cyprès
n'y élève pas sa triste pyramide; c'est l'ombre fraîche du mû-
rier qui y garantit les promeneurs des atteintes d'un soleil
ardent; aussi cette enceinte est-elle le théâtre des scènes les
plus variées. Il est inutile de faire ici la description détaillée
de cette espèce de jardin public également consacré au plaisir et à la douleur; le voyageur jugera lui-même de l'effet
du tableau. Il suffit de le guider dans cette vaste étendue
dont les divisions et les détours lui sont encore inconnus.

Le petit bâtiment carré que vous apercevez à quelque
distance de ce cimetière est un réservoir ou *takcim*, auquel
les Francs donnent le nom de *maisonnette*. Les eaux s'y
rendent par un canal recouvert de dalles, dans une longueur
d'une centaine de pieds. De cette étroite esplanade on em-

brasse du regard les tableaux les plus enchanteurs. Aucune
jouissance n'égale celle qu'on éprouve lorsque, dans la belle
saison, on contemple, à la clarté des derniers rayons du soleil,
les merveilles de ce point de vue.

Pour prolonger cette jouissance , prenons un chemin qui
ne nous conduise qu'après un assez long détour au cimetière
des Turcs. Suivons la route qui descend à Dolma-Baghtchè ;
nous rencontrons d'abord une colonne de marbre blanc qui
s'élève gracieusement au centre d'une terrasse quadrangulaire, et au milieu d'un certain nombre d'autres colonnes
moins remarquables. Passons. Un peu plus loin nous atteignons la colline de Dolma-Baghtchè ; arrêtons-nous sur son
sommet. Ici le coup d'œil a changé ; au lieu du Bosphore et
du littoral asiatique, c'est une autre portion du pays que l'on
découvre ; ce sont deux collines gracieuses formant entre elles
un vallon étroit planté de platanes séculaires ; c'est la caserne
de l'artillerie légère, c'est enfin l'entrée du port, la Pointe-
du-Séraï et l'éclatante nappe d'eau de la Propontide. Le
gouvernement ottoman , appréciant les avantages de cette
position , a fait construire sur la colline de Dolma-Baghtchè
une caserne destinée à la cavalerie légère ; c'est encore un
point de station pour le voyageur avide de trouver à chaque
pas des objets qui tiennent sa curiosité éveillée.

Le kiosk qu'on voit à mi-côte de la petite montagne sert d'asile
au sultan, lorsque, pendant les fêtes du Kourban-Baïram, il
se rend dans ce lieu avec sa cour, pour assister à l'exercice du

djèrid[1] et aux autres jeux usités à cette époque de l'année.

Si la marche vous a altéré, descendez dans le vallon ; vous trouverez une fontaine abondante, si mieux vous n'aimez aller vous asseoir et vous rafraîchir sous la tente qui sert de café aux Bostandji. En vous approchant du Bosphore vous parvenez à un monticule du haut duquel le canal se déroule sous vos yeux dans toute son étendue, avec les villages riants de la rive asiatique, avec les dômes élancés des mosquées de Scutari. Ce n'est pas tout ; cette masse d'édifices que vous découvrez à droite, c'est le Séraï ; cette nappe d'eau éblouissante, c'est la mer de Marmara ; ce palais que vous apercevez à gauche, c'est la résidence actuelle du Grand-Seigneur, et ce dôme sur lequel s'arrêtent vos regards, c'est celui de la mosquée qui s'élève à la pointe d'Orta-Keuï.

Nous pouvons maintenant remonter la colline qui nous sépare de Péra. Après une marche de quelques instants, nous arriverons au cimetière des musulmans que nous avions laissé de côté.

Si de la promenade qui sert de lieu de repos aux Arméniens nous étions passés sans transition dans le champ funéraire consacré aux Turcs, le changement de sensation eût été trop brusque, l'impression du contraste trop vive. Dans le cimetière des Ottomans, en effet, tout respire la tristesse, tout invite au recueillement et à la prière. Ne cherchez pas

(1) Le djèrid est un javelot non ferré qu'on lance, à cheval et en courant, le plus loin possible.

ici les jeux et les distractions ; vous ne rencontrerez que fi-
gures graves et méditatives ; le cyprès, qui élève à chaque pas
sa colonne funèbre, répand un deuil éternel sous son feuillage ami de la mort.

Un mot d'indication est nécessaire au curieux qui parcourt
cette forêt lugubre : les turbans qui ornent certaines sépultures désignent les tombes des hommes ; celles des femmes se
reconnaissent au bloc de marbre triangulaire qui les surmonte.

Pour chasser la mélancolie qu'inspire cette triste enceinte,
le voyageur devra s'arrêter sur la petite place qu'il aura à
traverser en sortant. Ici il pourra, au milieu d'une société
bruyante, mais choisie, fumer tranquillement sa pipe, et se
faire servir du café, du lait, des glaces ou du *mouhallèbi*,
espèce de bouillie composée de salep et de lait.

Le voyageur connaît maintenant Péra. S'il y joint quelques couvents musulmans et chrétiens et quelques mosquées
peu remarquables par la richesse de leur architecture, il aura
épuisé la liste des points de ce quartier les plus dignes de
captiver son attention.

En somme, comme on le voit, Péra, à l'exception de sa
magnifique promenade, et abstraction faite de sa physionomie si originale et si animée, est une des parties les plus
insignifiantes de Constantinople, c'est-à-dire une des moins
riches en monuments curieux et en souvenirs historiques,
cette poésie de l'Orient.

LE BOSPHORE.

Si la curiosité du voyageur s'est portée d'abord sur Constantinople, dont la physionomie et les mœurs lui étaient inconnues, il n'est pas moins impatient de voir le Bosphore, cet admirable canal dont la renommée remplit le monde entier. Quelquefois même il est difficile de résister à la tentation et d'ajourner la promenade dans le détroit après l'excursion de rigueur dans la ville musulmane proprement dite. Il est donc temps d'aller visiter ces sites ravissants dont le tableau se déroule depuis la Propontide jusqu'à la mer Noire. Quand les beautés de cet incomparable paysage nous seront connues, nous reviendrons à Constantinople et vers le port que, dans nos rapides traversées de Galata à la rive opposée, nous n'avons fait en quelque sorte qu'apercevoir.

Le faubourg de Top-Khana, que l'on traverse, en sortant de Péra, pour atteindre le rivage, offre bien peu de monuments dignes d'être remarqués. Deux ou trois mosquées de troisième classe; l'ancien palais de Venise, qu'habite aujourd'hui l'internonce autrichien, et d'où partent deux fois par mois les courriers qui portent aux nations européennes les lettres d'Orient; la grande place qui sert de marché aux fruits et aux légumes; une belle fontaine qu'ombragent de hauts platanes; la fonderie de canons et les superbes casernes de l'artillerie, bâtiments spacieux et imposants, voilà à peu près tout ce qu'il y a à visiter dans Top-Khana.

Des rues étroites mènent à l'échelle du faubourg, qui est sans contredit la plus commode et la mieux entretenue de toutes celles de Stamboul. De nombreux caïks stationnent aux alentours, pour transporter les habitants de ces quartiers à Scutari ou dans tel autre endroit du rivage asiatique. En jetant les yeux sur ces embarcations, on ne peut s'empêcher de remarquer leur forme svelte et allongée; c'est qu'elles sont construites pour voguer dans ce canal dont les courants et les vents contraires rendent la navigation difficile. Pour fendre ces flots, qui parfois opposent aux rameurs une vive résistance, il faut une proue acérée et une carène qui plonge à peine dans l'eau ; et les Turcs ont approprié leurs canots à ces exigences.)

Pour vous embarquer dans un de ces frêles esquifs, cherchez à saisir l'instant où il se présente le plus commodément, c'est-à-dire celui où la vague qui le porte est prête à redescendre ; tâchez surtout de vous élancer au milieu de la barque et de vous maintenir en équilibre sur vos jambes ; sans ces précautions, vous risquez de faire chavirer la nacelle et de prendre un bain dans le Bosphore, à la grande joie des assistants qui, plus adroits ou plus exercés que vous à cette espèce de saut périlleux, ne se feraient pas scrupule de rire de votre mésaventure.

Mais nous voilà embarqués sans accident et nos bateliers se mettent à l'œuvre ; nous partons, munis de quelques provisions, d'une pipe, de tabac parfumé, d'un livre pour passer le temps en cas de vent contraire, et d'un large parasol destiné à amortir les rayons ardents du soleil. Tandis que notre caïk vole comme l'hirondelle sur les flots paisibles et transparents, tandis que, du fond du canot où nous sommes mollement étendus, nous voyons fuir loin de nous les maisons qui bordent le rivage, reportons nos pensées vers ce que nous enseignent les géographes sur ce détroit qui unit deux mers et deux mondes ; nous serons, après cet examen, mieux orientés dans notre excursion, et nous nous rendrons un compte plus exact de la situation des lieux que nous visiterons.

Une des chaînes du Balkan ou Mont-Hémus et une partie des montagnes de la Bithynie forment, en se rapprochant

dans le voisinage de la mer Noire, le long canal par lequel
cette dernière communique avec la Propontide. L'anse
la plus considérable que dessinent les ramifications de ces
montagnes, en s'avançant dans le détroit, est celle dont un
des côtés se termine à la pointe de Yèni-Keuï et l'autre à
Buïuk-Liman ou à l'embouchure de la mer Noire. Cette portion supérieure du détroit est plus particulièrement appelée
canal de la mer Noire ; le *Bosphore de Thrace* ou *détroit
de Constantinople* est la partie comprise entre le golfe de
Buïukdèrè et la Pointe du Séraï. Les principaux promontoires qui résultent des sinuosités de la rive du côté de l'Europe sont, à partir de Péra, ceux d'Orta-Keuï, de Roumili-
Hiçari, de Yèni-Keuï, de Kharibdjè et de Fanaraki. Entre
ces caps s'étendent des vallées dont les plus remarquables
sont celles de Kharibdjè, de Roumili-Kavaghi, de Sarièri,
de Buïukdèrè, d'Istènia, de Balta-Limani, d'Orta-Keuï et de
Bèchik-Tach. Les promontoires les plus importants que forme
le littoral asiatique sont ceux de Fanaraki, de Fil-Bournou,
de Mèzar-Bournou, de Kanlidjè-Keuï, de Kandilli et de Scutari. Parmi les vallées dont ils marquent les contours, il faut
citer celles du Grand-Seigneur, de Sultaniyè, de Tchiboukli,
les deux qui aboutissent au château d'Asie, et enfin celle
d'Istavros, qui commence à la montagne de Boulgourlou.

Un brusque avertissement du patron de la barque inter-
rompt notre examen topographique. Il nous invite à ployer
notre parasol et à parler bas. Nous approchons, en effet, du
palais qu'habite Sa Hautesse et qu'on aperçoit sur le rivage,

près de Dolma-Baghtchè. En passant devant cette demeure impériale, il faut fermer son parasol, s'abstenir de rire, de crier, de jouer d'un instrument quelconque, ne faire voir aucune arme à feu, ne cracher que du côté opposé au palais, et surtout se donner bien de garde de désigner du doigt l'habitation du roi des rois; il faut non-seulement que les bateliers évitent l'espace qu'indiquent ces poteaux blancs que nous apercevons, mais encore qu'ils rament avec toutes les convenances de rigueur. La moindre infraction à ces règlements est punie d'une vingtaine de coups de bâton ou tout au moins d'une amende dont le taux est fixé à l'amiable. Des gardiens vigilants placés sur la rive sont chargés d'arrêter les délinquants et de leur faire subir la correction à laquelle ils se sont exposés. Il est bien entendu que, lorsque le coupable est un Franc, c'est le malheureux batelier qui paie pour lui, attendu que les Francs sont censés ignorer les usages du lieu.

Nous avons parcouru la fraîche vallée de Dolma-Baghtchè dans notre excursion au Grand-Champ-des-Morts; nous n'avons pas perdu le souvenir des belles perspectives que l'œil embrasse sur ces hauteurs et des sensations que nous ont fait éprouver les merveilles de Constantinople et de ses environs vues d'un point favorable. Il est donc inutile de mettre pied à terre à l'échelle qui conduit à ce jardin de Stamboul. Plus tard le voyageur ira y rêver encore, car ce n'est pas avoir vu ces sites charmants que de ne les avoir parcourus qu'une fois.

6

Nous ne nous arrêterons pas non plus à Béchik-Tasch, joli village presque entièrement peuplé de familles grecques et dans la rade duquel se réunissent les navires qui attendent le vent du sud pour pénétrer dans la mer Noire. La vallée profonde qui s'ouvre derrière ce groupe de maisons offre des retraites aussi verdoyantes et des sentiers aussi embaumés que celle de Dolma-Baghtchè; mais nous pourrons, du Grand-Champ-des-Morts, où nous irons encore plus d'une fois respirer l'air frais du soir, aller nous asseoir sous ces épais ombrages et nous désaltérer dans les eaux de la fontaine en marbre blanc qui s'élève sur le plateau voisin.

Moins agréable et moins riant, dans sa plus grande partie, que Béchik-Tasch, Orta Keuï, le plus populeux des villages du Bosphore, mérite cependant d'être visité. Si nous descendons près de la mosquée dont nous distinguons de loin le minaret blanc, et dont le rez-de-chaussée est occupé par des cafés, nous verrons une des plus belles perspectives qu'on puisse imaginer. Devant nous, une masse d'eau resplendissante et les côtes de l'Asie, à droite et immédiatement auprès de nous, les sinuosités de la rive européenne avec ses accidents pittoresques; plus loin, dans la même direction, la pointe de Scutari et celle du Sérail, plus loin encore la mer de Marmara, voilà ce que nous verrons à Orta-Keuï sous les tentes du café de la mosquée. Pour animer le paysage, une multitude d'embarcations de toutes formes et de toutes dimensions sillonnent le Bosphore. Cette grosse barque qui lutte contre le courant et qui porte huit rameurs, c'est un

pazar-caïk, omnibus maritime du pays; des gens de toute
nation y sont entassés pêle-mêle pour se rendre à un des
villages d'Asie ou d'Europe. Ce bateau, à sept paires de rames,
qui s'avance rapidement vers nous, c'est celui du bostandgi-
bachi, fonctionnaire chargé de la police du Bosphore et des
Eaux-Douces. Ce canot, qui remonte plus lentement le détroit
à cause de sa forme moins élancée, c'est celui du représentant d'une puissance étrangère. Cet autre, que des bras vigou-
reux peuvent à peine faire mouvoir, transporte sur les différents points du canal des denrées achetées au marché de Constantinople. Si le vent souffle du nord, nous verrons une foule
de bâtiments grands et petits se diriger, rapides comme l'éclair,
vers le port de Stamboul; tour à tour passeront devant nous
des navires européens sortis des ports de Taganrok, d'Odessa
ou des bouches du Danube, la plupart chargés de blé, quelques-uns de suif, de beurre, de fer et de câbles; des vaisseaux turcs ayant à leur bord des esclaves de Géorgie et de
Circassie, ou dans leur cale du cuivre de Trébizonde et du
tabac de Tokat; enfin de longs radeaux à voiles composés de
pièces de bois destinées à la consommation de la capitale. Si,
au contraire, le vent du sud s'est élevé dans la nuit, tous les
bâtiments retenus depuis plusieurs jours dans la Corne-d'Or
apparaîtront comme une flotte nombreuse se dirigeant vers le
Pont-Euxin, heureux lorsque le vent, venant tout à coup à
changer, ne les force pas à rentrer dans le port. Enfin, à certaine époque de l'année, nous pourrons admirer en face de
Béchik-Tasch le spectacle de l'escadre ottomane chargée d'al-

ler donner la chasse aux pirates de l'Archipel et de recueillir les tributs des îles soumises à l'autorité de la Porte.

Si, pour varier nos impressions, nous remontons le côté gauche du ravin planté de cyprès qui se prolonge derrière le village, nous arriverons à une terrasse au pied de laquelle on entend le bruit d'une eau jaillissante que renferme un bassin de marbre ombragé par de majestueux platanes.

Après quelques instants donnés à la contemplation du nouveau tableau qui se développe devant nous, nous remontons dans notre nacelle, qui a bientôt franchi l'espace qui nous séparait de Kourou-Tchesmè. Dans cet espace, nous remarquons deux palais habités par les sultanes et adossés à une colline dont le sol est dissimulé par les lauriers, les chênes verts et les arbousiers qui la couvrent. Evitons la plage de Kourou-Tchesmè ; l'anse qu'elle dessine est encombrée de corps d'animaux, de cadavres de criminels exécutés au château d'Europe, et de végétaux de toute espèce, débris immondes que le courant pousse sur ce point du littoral et qui y séjournent jusqu'à ce que le vent de la mer Noire les chasse dans la Propontide.

Le *village des Arnautes* ou Albanais (en turc, *Arnaout-Keui*) est le prolongement de Kourou-Tchesmè. Ici le courant devient si rapide qu'on est presque toujours obligé de se faire remorquer par les gens du rivage. *Cheïtan-Akindici* (courant du diable) est le nom qu'on donne au Bosphore le long de cette plage dangereuse.

Avant d'arriver à Bébèk, nous doublons un cap décoré

d'une fontaine en marbre, puis nous entrons dans un spacieux bassin qu'entoure une ceinture de collines parées de
verdure et de maisons de campagne. Ce village vers lequel
nous nous dirigeons, c'est Bèbèk, situé à l'entrée d'une délicieuse vallée. Nous pouvons nous y arrêter un instant, pour
voir de près ce palais peint en rouge et consacré à la sultane
Validè, les magasins qui renferment le biscuit destiné à la
marine, et le *kiosk des Conférences*, joli pavillon bâti sur le
rivage, au milieu de platanes, de peupliers et de saules-pleu-
reurs. C'est dans ce kiosk que le reïs-effendi donne quelquefois
audience aux ministres des puissances étrangères. D'importantes questions politiques y ont été plus d'une fois traitées.

Le *château d'Europe* (*Roumili-Hissari*), que nous
trouvons un mille plus loin, est d'un aspect pittoresque; le
bois de cyprès qui l'entoure et qui ombrage des tombeaux
vénérés, les roches tapissées de lierre dont le sol environnant
est semé, donnent à ce lieu une physionomie tout-à-fait en
harmonie avec le reste du paysage. Ces sarcophages que nous
apercevons contiennent la dépouille mortelle des guerriers
ottomans qui perdirent la vie lorsque Mahomet II, pour cer-
ner plus étroitement Constantinople, fit passer le Bosphore
à ses troupes. D'autres souvenirs historiques non moins intéressants recommandent cet endroit du canal à l'attention
du voyageur. Sur l'espace étroit compris entre les points de
Roumili-Hissari et du château d'Asie, forteresses bâties par
Mourad IV, Darius fit jeter ce pont qui a immortalisé le nom
de Mandroclès, et sur lequel passèrent les Perses pour re-

pousser les hordes des Scythes. C'est sur le même point du littoral européen que le conquérant de Constantinople fit construire cette citadelle qui devait lui assurer la domination du Pont-Euxin, et que les Grecs nommèrent *Laïmocopas*. Enfin, c'est là que les Croisés passèrent sur le sol asiatique pour aller conquérir le tombeau du Fils de Dieu.

Nous continuons notre route et nous rencontrons le *port de la Hache* (*Balta-Limani*), anse commode et spacieuse qui s'ouvre devant une vallée dont l'origine est à *Lèvènd-Tchiflighi* (la métairie du soldat volontaire). Le voyageur se rappelle avoir lu dans l'historique de Constantinople que Mahomet II fit transporter sur terre une partie de ses vaisseaux dans la Corne-d'Or, dont l'entrée était interceptée par une chaîne de fer tendue d'un bord à l'autre. Cette opération, qui décida du sort de la ville de Constantin, s'exécuta à Balta-Limani. Le village que baignent les eaux de cette baie est habité par des musulmans et par des chrétiens en petit nombre.

Nous laissons le port de la Hache, et, après avoir côtoyé un promontoire assez élevé couvert de pins et de cyprès, nous entrons dans une anse profonde qui offre aux navires un abri contre la violence des vents et des courants : c'est Isténia, autrefois Lasthénès. Plus loin nous passons devant une colline chargée d'arbustes gracieux. Plus loin encore c'est le cap et le long village de *Yèni-Keuï* ; puis la résidence d'été de l'ambassadeur de France se présente à nos regards. Que ne pouvons-nous visiter cette délicieuse habi-

tation ! Du haut de la terrasse verdoyante qui s'élève devant
ce vaste palais , nous embrasserions d'un seul coup d'œil les
côtes d'Europe et d'Asie, le Bosphore et la mer Noire.

Avant d'atteindre Thérapia, nous pourrons aller nous asseoir dans le petit vallon de Kalender et sur la belle pelouse
que baignent les flots de l'ancien port de Pithécus ; là nous
verrons un kiosk appartenant au sultan, et derrière le kiosk
un plaqueminier d'une grosseur remarquable.

Thérapia est un village en amphithéâtre, situé à l'entrée
de deux petites vallées et le long d'un bon port qui portait
autrefois le nom de *Pharmaceia*. Cette petite bourgade, où
l'air est pur de toute altération pernicieuse , est la demeure
ordinaire de quelques familles grecques du Fanar.

Kiretch-Bournou, qu'on trouve à quelque distance, offre
une promenade des plus agréables ; une source abondante y
répand son eau limpide sous de frais ombrages et alimente
un aïazma, ou fontaine sacrée des Grecs.

Kèfèli-Keuï, ou *village de l'habitant de Kaffa*, se présente ensuite ; ce lieu est habité par des Turcs et des chrétiens. Contentons-nous de le saluer en passant et poursuivons notre route.

Nous arrivons enfin à Buïuk-Dèrè , bourg considérable,
garanti, du côté du Bosphore, par un quai long de mille toises
et assez large pour offrir une promenade agréable. C'est là
que la plupart des diplomates accrédités auprès de la Sublime-
Porte passent la belle saison ; leurs résidences se voient sur
le rivage, et l'on remarque surtout celle du représentant de

la Russie. On trouve à Buïuk-Dèrè un hôtel proprement tenu et où l'on peut se loger pour une rétribution assez modique. C'est ici que nous passerons la nuit, car le soleil décline à l'horizon, et le vent du sud ne nous permettrait pas de rentrer à Péra dans la soirée si nous voulions visiter les autres points de la rive européenne du détroit. Toutefois, avant la fin de la journée nous pouvons aller nous promener dans la forêt de Belgrade.

Montés sur des chevaux de louage de chétive apparence, nous nous dirigeons vers la charmante vallée de Buïuk-Dèrè. Nous sommes frappés de surprise et d'admiration en voyant, à l'entrée, un platane séculaire qui, formé de onze jets énormes nés d'une même racine, est parvenu à une hauteur gigantesque et à une grosseur prodigieuse. Nous nous enfonçons ensuite dans le vallon, et après avoir longé des collines couvertes d'une riche végétation, nous atteignons l'aqueduc de Baghtchè-Keuï, ouvrage de Mahmoud Ier. Des *bends* ou réservoirs placés dans les environs de l'aqueduc renferment l'eau qui, par des canaux bien entretenus, se rendent aux faubourgs de Péra et de Galata. Nous faisons une halte de quelques minutes au village de Baghtchè-Keuï, situé à quelques pas du majestueux édifice que nous venons de contempler et dans une situation des plus riantes; puis nous nous remettons en marche en suivant un chemin pittoresque qui traverse des bois épais.

Le village de Belgrade est assis au milieu d'une immense forêt qui couvre le flanc de toutes les montagnes environnan-

tes. La fraîcheur des bois et l'attrait de la chasse avaient
attiré à Belgrade un assez grand nombre de familles fran-
ques qui venaient s'y établir pendant la belle saison ; mais
on finit pas s'apercevoir que l'humidité entretenue par les
nombreux cours d'eau et par la forêt, dont il est défendu d'a-
battre un seul arbre, occasionnaient des fièvres et d'autres
maladies graves. Dès lors on déserta le village, et aujour-
d'hui on ne vient plus y passer que les mois de mai et de
septembre, époques pendant lesquelles on a reconnu que
l'air était parfaitement salubre.

Mais il est temps de reprendre la route de Buïuk-Dèrè.
Nous nous sommes assez délassés sous ces ombrages séculaires, pour pouvoir braver de nouveau les fatigues d'un trajet
d'une heure, sur des montures que le cavalier le plus indul-
gent ne saurait s'empêcher de comparer au coursier du héros
de Cervantès.

La lune brille aux cieux lorsque nous arrivons près de
notre hôtel. Nous allons jeter un coup d'œil sur le Bosphore,
que les rayons de l'astre éclatant font étinceler de mille
feux, aussi mobiles que les flots qu'ils éclairent. Nous résis-
tons au désir de nous abandonner à de douces rêveries, en
songeant que nous devons demain, au point du jour, reprendre le cours de notre excursion dans le Bosphore. Les servi-
teurs de notre karavanséraï à l'européenne nous accueillent
avec empressement ; nous prenons possession de notre chambre à coucher, et peu d'instants après nous nous endor-
mons en reportant notre pensée sur les magnifiques scènes

qui, pendant cette première partie de notre promenade maritime, se sont succédé sous nos regards.

En sortant du golfe de Buïuk-Dèrè, on longe les villages de Sarièri et de Yèni-Mahallè. Ici nous sommes dans cette partie du Bosphore à laquelle on donne plus particulièrement le nom de *canal de la mer Noire*. L'espace compris entre les deux kavak, que l'on aperçoit plus loin, est le plus resserré dans cette portion du détroit. Les deux rivages étaient protégés par deux forteresses construites, dit-on, par les Génois ; le château d'Europe n'existe plus ; quant à celui d'Asie, il est encore à peu près intact. Continuant à ramer, nous traversons l'ancien port des Ephésiens, aujourd'hui Buïuk-Liman ; encore quelques efforts et nous serons dans les eaux de l'ancien port des Lyciens, où se jette la rivière de Karibdjè-Dèrèci (autrefois *Myrleïon*). Tout le littoral que nous côtoyons se compose de terrains volcaniques, qu'on regarde, non-seulement comme antérieurs aux époques les plus reculées de l'histoire, mais comme anté-diluviens. Nous avons en face de nous le lieu où le roi Phinée tenait sa cour. Ce vieillard, qui était devenu aveugle et qui avait la faculté de lire dans l'avenir, cédant à la puissance de certains philtres, fit crever les yeux à ses deux fils et les livra aux bêtes féroces. Jupiter, pour le punir, l'abandonna aux fureurs des Harpies, qui souillaient tous les aliments qu'on lui présentait. La fable ajoute que deux des Argonautes délivrèrent Phinée de ces monstres persécuteurs, et que le roi leur prédit la réussite de leur expédition en Colchide.

Nous entrons enfin dans la mer Noire ou Kara-Dèniz [1].
Le cap Fanaraki, ou mieux *Fener-Keuï*, se dessine devant
nous ; à droite nous avons les Cyanées, masses de rochers
lancées à la surface des flots par quelque bouleversement
maritime. Les anciens croyaient que ces écueils flottaient au
hasard sur la mer, ce qui s'explique par les ondulations que
semble leur imprimer le mouvement des vagues pendant les
tempêtes.

Il n'y a rien de remarquable dans les Cyanées, si ce
n'est le monument en marbre blanc qu'on appelle sans
raison *colonne de Pompée ;* encore cet autel votif, placé
sur le plateau le plus élevé de ces écueils, est-il complète-
ment ruiné. A peine reconnaît-on une guirlande de feuilles de
laurier et quatre têtes de taureaux qui paraissent la soutenir.
La partie des Cyanées qui offre ce vestige s'appelle *Eurékè-
Tachi*, la *pierre de la quenouille.*

Si nous restons quelques instants à l'embouchure] de la
mer Noire, nous serons infailliblement croisés par quelque
bâtiment russe ou turc, car ce sont aujourd'hui les seules
nations qui aient le droit de libre navigation dans cette mer,
les autres ne pouvant y faire pénétrer leurs vaisseaux qu'avec
l'autorisation du Grand-Seigneur.

---

(1) Du temps du voyage des Argonautes, cette mer était appelée *in-
hospitalière*, à cause des peuplades féroces qui habitaient le littoral.
Plus tard, ces peuplades s'étant peu à peu civilisées au contact des
Grecs, elle fut désignée sous le nom de *Pont-Euxin*, ou *mer Hospi-*

Peut-être la mer Noire sera-t-elle un jour sillonnée dans tous les sens par les vaisseaux de toutes les contrées du globe, lorsque l'industrie et le commerce auront pris possession de ses rives, comme ils ont depuis longtemps pris possession de la Méditerranée et de ses bords. Toutefois les périls de la navigation du Pont-Euxin opposeront sans doute de sérieux obstacles à ce développement commercial. Ce qui rend cette mer dangereuse, c'est la lutte qui règne presque toujours entre les vents dans les bornes étroites de ses côtes. En outre, les courants y étant fort nombreux, il en résulte que la lame est courte et beaucoup plus redoutable que sur l'Océan. Il arrive souvent, lorsque soufflent les vents de nord et d'est, que le brouillard qui s'élève autour du bâtiment empêche le pilote de distinguer la côte et de trouver l'ouverture du canal ; alors il y a danger de faire naufrage, et dans tous les cas on perd du temps à chercher sa route et à louvoyer. Ajoutez que cette mer n'offre qu'un très petit nombre de ports et de rades aux navigateurs.

Les Vénitiens et les Génois furent les premières nations modernes qui apprécièrent et cherchèrent à mettre à profit la situation et les richesses de la mer Noire, jadis sillonnée par les bâtiments marchands des républiques grecques. Gênes y établit sa route vers les Indes-Orientales, et négligea dès lors

talière. Quant à l'épithète de *noire* appliquée à cette mer, rien ne la justifie ; car, comme le dit Tournefort, elle n'a de noir que le nom.

celle qu'elle s'était frayée par le Nil et Suez. Peut-être doit-on attribuer à cette audacieuse installation des Génois dans les mers d'Orient l'énergique obstination avec laquelle leurs troupes défendirent contre Mahomet II la ville de Constantin, depuis longtemps devenue entre leurs mains un vaste entrepôt de marchandises.

Des races nombreuses et variées occupent les bords du Pont-Euxin. A l'ouest, ce sont les Turcs et les Bulgares; plus loin, les Russes établis dans la ville toute nouvelle d'Odessa; au nord et au nord-est, les peuplades cosaques; sur le littoral oriental, les Mingréliens, les Géorgiens, les Lazes, les Abazes et les Circassiens, aujourd'hui en guerre avec la Russie; au sud vivent les tribus musulmanes de l'Asie-Mineure.

Les produits des contrées baignées par cette mer ne sont pas moins variés. Les grains, les bestiaux et les bois de la Bithynie sont renommés dans tout l'Orient. Des environs de Sinope, ancienne capitale de la Paphlagonie, on tire du goudron, du chanvre, des bois de construction et d'autres matières premières non moins précieuses pour la marine. Trébizonde possède d'abondantes mines de cuivre, malheureusement mal exploitées. La côte orientale est aussi très fertile; les peuplades qui l'habitent livrent au commerce une grande quantité de pelleteries. C'est dans la Géorgie et dans la Circassie que les riches musulmans vont recruter leurs harem. Qui pourrait compter le nombre des victimes que les habitants de ces deux pays ont abandonnées au cynisme impitoyable des marchands de Constantinople et des dignitaires de l'Empire ottoman? C'étaient aussi ces belles populations qui alimentaient les cadres des régiments de mamelouks, cette milice redoutable que le vice-roi d'Egypte, Méhémet-Ali, a exterminée quinze ans avant que les janissaires subissent le même sort[1] ! Au nord, c'est la Crimée, dont les céréales sont recherchées de toute l'Europe. Mais c'est surtout vers les bouches du Danube que se dirige l'activité commerciale. La Valachie et la Bulgarie se ressentent de cette impulsion nouvelle et semblent renaître à la vie sociale.

Mais il est temps de terminer cette excursion faite par la pensée dans la mer Noire et les pays qu'elle arrose. Reprenons la route de Constantinople, en rêvant aux destinées de ce beau lac placé entre l'Europe et l'Asie. Il nous reste encore un long chemin à faire avant d'atteindre la capitale, et nos rameurs nous pressent de redescendre le Bosphore.

Nous côtoyons les îles Cyanées, les seules, avec l'*île des Serpents*, située près des bouches du Danube, qui existent dans la

---

(1) La troupe entière des mamelouks fut détruite dans ce massacre. Tous ceux qui avaient échappé aux balles et aux poignards des exécuteurs étaient conduits devant Méhémet-Ali, qui, d'un geste, leur faisait trancher la tête. Un seul mamelouk parvint à se sauver. Il se précipita, à cheval, du haut de la citadelle; le cheval resta sur la place; quant à lui, il se releva sain et sauf, se jeta dans une barque et s'enfuit à Smyrne, d'où il gagna Constantinople. Ce dernier débris d'un corps militaire formidable occupa, dans la suite, un poste élevé à la cour du sultan.

mer Noire, et nous tournons la proue de notre caïk vers la côte asiatique du Bosphore. Nous laissons à gauche, derrière nous, le cap de Fil-Bournou et le port de Ketchèli ; nous passons devant l'ancien château génois que nous avons déjà aperçu en naviguant dans les eaux du kavak d'Europe ; nous doublons la large pointe sur laquelle s'élève le fort de Youcha, et nous abordons à Oumourièri, pour aller, de là, visiter la *montagne du Géant.*

Cette montagne, connue autrefois sous la dénomination de *Dos-d'Hercule,* et aujourd'hui, parmi les Musulmans, sous celle de *Youcha-Daghi,* s'élève à cent quatre-vingt-six mètres au-dessus du niveau du Bosphore. Son terrain fournit de la chaux que l'on prépare dans des fours construits au bord de l'eau. La vue admirable dont on jouit à son sommet dédommage amplement de la peine qu'on s'est donnée pour y parvenir. Après avoir analysé les beautés de ce panorama, entrons dans l'ermitage que nous avons remarqué en arrivant. Les deux derviches qui habitent cette retraite nous feront voir le *Tombeau du Géant,* autrefois le *Lit d'Hercule,* et un espace planté d'arbustes dont les branches sont chargées de guenilles de toutes les couleurs. L'hôte de cet oratoire nous apprendra que ces lambeaux de vêtements sont autant de témoignages de la superstition et de l'ignorance des Musulmans, qui, persuadés des vertus miraculeuses du Tombeau du Géant, y viennent déposer des fragments de leurs habits, dans l'espoir d'y laisser aussi la fièvre qui les tourmente. N'oublions pas, en sortant de cet enclos, de déposer dans le tronc placé à côté de la porte, la légère offrande qui doit grossir le modeste revenu des deux religieux.

Nous descendons de la montagne du Géant dans la *vallée du Grand-Seigneur (Hunkiar-Iskèlèci)*. C'est là que fut signé le traité qui mit un terme à la dernière guerre soutenue par la Turquie contre les Russes. A travers les beaux platanes dont la vallée est plantée , nous apercevons des groupes de promeneurs composés d'individus de toutes nations et dans lesquels on remarque une singulière variété de costumes. Le voyageur fera bien d'y revenir lorsqu'il apprendra que le sultan s'y trouve avec sa suite pour y faire *bénich*[1]. Il jouira alors du spectacle d'un camp oriental, et pourra prendre une idée du luxe asiatique.

Une faible distance nous sépare de la *vallée de Sultaniyè*. Allons nous reposer sous les ombrages de la belle terrasse qui domine l'entrée de ce vallon, et nous désaltérer à la fontaine qui y élève son gracieux obélisque. Mais au milieu des distractions que nous offre cette esplanade parée de verdure et sur laquelle viennent s'asseoir nonchalamment des familles turques, n'oublions pas nos bateliers qui, d'après nos ordres, nous attendent sur le rivage où aboutit la vallée.

En longeant rapidement la rive asiatique , nous voyons

(1) Se promener en pompe sur terre ou sur mer. Le mot *bénich* ou *binich* vient de *binmek*, qui signifie monter à cheval ou en bateau.

successivement fuir derrière nous Indjir - Keuï, Thiboukli,
le village de Kandlidjè, situé sur le cap du même nom, le
château d'Asie, ou Anadolou-Hissari, les embouchures de deux
cours d'eau, *Gheuk-Sou* (eau bleu de ciel) et *Koutchouk-
Sou* (la petite rivière), Kandilli-Baghtchè et Beïler-Beï. Nous
remarquons que ce côté du Bosphore est beaucoup plus boisé
et, par suite, plus riant que le rivage d'Europe, privé, dans
certaines parties, de végétation. Enfin nous arrivons à la
hauteur de Scutari, et un instant après, nous prenons terre à
Top-Khana, les yeux encore éblouis des beautés naturelles
que nous venons d'admirer, et l'âme agitée par les sensations
multipliées qui nous ont assaillis pendant cette excursion de
deux jours.

LE PORT.

Le faubourg de Galata, les quartiers de Kacim-Pacha et de Khas-Keuï, la promenade des Eaux-Douces, telle est la partie de la rive septentrionale du port que nous visiterons aujourd'hui, et l'intérêt de cette excursion ne sera nullement affaibli par les impressions de la promenade sur le Bosphore. A Constantinople, la variété des tableaux tient l'attention incessamment éveillée et met l'esprit en garde contre l'ennui.

Le quartier de Galata s'étend entre ceux de Péra, de Top-Khana et de Tersanè. Son nom primitif fut *Sika*, désignation motivée par la quantité de figuiers qui ombrageaient autrefois ce lieu, devenu la résidence des commerçants étrangers. Sous le règne de l'empereur Justinien ce faubourg fut considérablement embelli, et son importance s'accrut encore lorsqu'un pont jeté sur le port l'unit à Constantinople. Par suite, le nom de *Justinianopolis* fut substitué à celui de *Sika;* mais la mémoire de ces bienfaits fut bientôt perdue; car les marchands vénitiens et génois qui s'établirent sur ce point de la ville impériale changèrent le nom que lui avait donné son illustre maître en celui de *Galata*, que l'usage lui a conservé.

Galata a été longtemps la sentinelle avancée de Constantinople, et c'est principalement contre ce quartier que se dirigeaient les efforts des nombreux ennemis qui convoitaient la possession de la ville de Constantin. Les Génois, qui l'habitaient, eurent souvent à défendre leurs trésors et leurs personnes contre d'avides agresseurs. L'histoire a conservé le souvenir du rôle important qui leur échut en partage lors de l'attaque de Mahomet II. Leurs forces maritimes furent particulièrement fatales aux assiégeants, dont les vaisseaux n'étaient pas de force à lutter contre les galères des marchands de Galata. Ce fut la résistance opposée par la petite escadre génoise, jointe à l'obstacle de la chaîne de fer tendue en travers du port, qui détermina le sultan à transporter sur terre une partie de ses navires. Après la reddition de la place, une capitulation, signée par le vainqueur, garantit aux Génois la liberté la plus entière dans leur résidence, la faculté de commercer comme précédemment, l'inviolabilité de leurs propriétés et de leurs églises, le maintien de leurs priviléges, et enfin toute sécurité pour leurs enfants et leurs femmes. Cet acte de clémence, auquel Mahomet ne mit pour condition que la destruction des murs du faubourg et la soumission des Génois à l'impôt du karadj, fut dicté par le désir de conserver aux portes de Constantinople ce riche comptoir de marchands, source d'abondance et de prospérité pour la ville.

Depuis cette époque, Galata est toujours habité par des négociants étrangers, qui n'y passent toutefois que le temps nécessaire pour faire fortune et liquider leurs affaires. Les prérogatives attachées au titre de *Franc* favorisent leurs vues et aplanissent devant eux les obstacles qui s'opposent d'ordinaire, parmi les nations musulmanes, à la prospérité des établissements formés par des Européens. Cependant parmi ces commerçants de nations diverses, il en est que des considérations puissantes déterminent à se fixer irrévocablement à Constantinople ; ce sont surtout ceux qui se marient dans le pays, et que des liens de famille retiennent ainsi en Orient.

Tous ces marchands, qu'anime un même désir de lucre et de fortune, sont logés, eux et leurs marchandises, dans des maisons en pierres, voûtées et garnies de volets et de portes en fer ; encore ces sages précautions ne suffisent-elles pas toujours pour mettre à l'abri des incendies ces magasins, que remplissent des denrées de toute espèce et des objets de grande valeur.

Nous nous dirigeons d'abord vers la *Tour de Galata;* quelques paras donnés à son gardien nous en ouvriront l'entrée. De la galerie qui la couronne, nous découvrirons des points de vue dont on ne se lasserait pas de contempler les merveilles. Le cri de *yanguenvar!* (au feu!) part souvent du haut de cette tour où veille, pendant la nuit, une sentinelle attentive, et ce sinistre avertissement est répété par les vigies qui parcourent en patrouilles chaque quartier, en laissant traîner sur le pavé de lourds bâtons ferrés, dont le bruit invite les habitants à éteindre les feux.

Une mosquée assez remarquable et deux couvents, l'un de Dominiquins, l'autre de Lazaristes, voilà, avec la tour ronde, tout ce que nous avons à voir à Galata. Ce faubourg n'offre donc pas de compensation à l'aspect peu agréable qu'il présente aux regards du voyageur et aux nombreux inconvénients auxquels on s'y trouve exposé. Nous remarquons en effet que parmi les rues de ce *mahallè,* ou quartier, il en est fort peu qui ne soient étroites, sombres et d'une pente roide. Nos regards seront surtout peu flattés du coup d'œil que présentent les parties consacrées aux tavernes et aux marchands en détail; quant à la portion du faubourg où résident les négociants étrangers, elle nous frappera par sa physionomie ennuyeuse et attristante. Si l'on ajoute qu'en été l'air y est étouffant, et qu'en hiver une quantité d'égouts y dégorgent continuellement des torrents chargés d'immondices, on se fera une idée des désagréments de ce séjour, où du reste nous

ne nous arrêterons que le temps nécessaire pour voir les rares
édifices dignes d'attention. »

Dans le couvent des Lazaristes, il existe une église bâtie
par les Génois et que surmonte un dôme recouvert en plomb;
comme les mosquées et les palais impériaux sont les seuls édifices qui puissent avoir de semblables toitures, on s'étonne
d'abord que cette chétive église participe à un pareil privilége; mais voici ce que nous apprennent sur ce point les fastes
de Constantinople; le supérieur du monastère était, par une
singulière bizarrerie, lié d'amitié avec le *Cheikh-ul-islam* ou
chef de la loi, et ce dernier obtint pour le chrétien qui le lui
avait demandé le droit de donner au dôme de son église l'é-
clat des mosquées impériales. On ne pourrait peut-être pas
citer un second exemple d'une semblable liaison en Orient,
et la tolérance du muphti, ami du supérieur, ne doit pas tomber en oubli. Avant de quitter cette pieuse retraite, nous
jetterons un coup d'œil sur le clocher de l'église, dont la
forme est on ne peut plus bizarre. Quant à l'hôpital, à la bibliothèque et aux écoles, il nous suffit de savoir qu'ils complètent les établissements de charité que renferme cette enceinte. D'autres objets plus intéressants réclament nos instants
et notre attention.

La mosquée devant laquelle nous arrivons ensuite a cela
de particulier qu'elle se distingue par sa forme de celles que
nous avons déjà vues. Son plan quadrangulaire et ses accessoires extérieurs la font ressembler à une église chrétienne.
On raconte sur cette mosquée une anecdote qui caractérise

assez bien l'esprit oriental et qui montre la part que le hasard
a quelquefois dans la destinée des Musulmans. Le chef des
eunuques noirs, ou kisslar-aghaci, ayant demandé, un vendredi, au sultan Ahmed III dans quelle mosquée il désirait
aller prier, le prince lui répondit : « Dans la tienne. » Interdit par ces paroles dont il ne devinait pas le sens, l'eunuque
s'adressa à un de ses subalternes, qui, mieux avisé, trouva le
mot de l'énigme. « La mosquée du chef des eunuques noirs,
dit-il, ne peut être qu'*Arab-djamissi* (la mosquée du noir,
celle dont il est question ici). » Ahmed, ravi de voir son intention devinée, et attribuant au nouvel Œdipe une grande
perspicacité, le revêtit de fonctions importantes, et lui fraya
si bien le chemin de la fortune et des grandeurs, que l'heureux favori fut, un beau jour, admis à l'honneur de laisser sa
tête dans une intrigue de séraï, dénouement ordinaire de la
comédie pour celui qui a goûté quelques instants les dou-
ceurs du premier rôle.

Quittons Galata, car ce serait perdre nos pas que de nous
détourner de notre route vers le port pour aller voir les deux
autres mosquées que possède ce faubourg. Nous nous embarquons, comme d'ordinaire, à l'échelle de Mcït-Kapoussi,
et nous dirigeons la proue de notre caïk vers le fond de la
Corne-d'Or.

Nous traversons d'abord le bassin de construction destiné
à recevoir les bâtiments après qu'ils ont été lancés ; puis nous
apercevons la vaste et belle caserne des galioundji ou soldats
de marine, et le kaikhanè du Grand-Seigneur, ou remise

pour les bateaux. Ces deux bâtiments sont construits sur **un** terrain d'alluvion formé par la fange et les immondices que roule jusqu'à cet endroit le torrent qui suit le ravin creusé entre la colline de Péra et celle de San-Dimitri. Plus loin, le gracieux Divan-Khanè de l'amirauté, ou salle du conseil, s'offre à nos regards. Cette jolie construction, dont le toit sert d'asile aux oiseaux aquatiques, repose sur des pilotis enfoncés dans la vase. N'approchons pas de cette pointe de terre, car notre embarcation pourrait bien, quoiqu'elle ne tire presque pas d'eau, rester embourbée dans cette espèce de mare infecte. En tournant l'angle du Divan-Khanè nous découvrons le séraï du kapitan-pacha, situé sur une hauteur d'où le chef des forces navales de l'empire peut voir la flotte qu'il commande. Ce palais dépend du faubourg de Kacim-Pacha, où il y a, du reste, fort peu de chose à voir, et devant lequel nous nous contenterons de passer.)

Voici un autre spectacle bien plus digne d'attention : c'est la flotte ottomane qui se déploie majestueusement devant nous. Plusieurs vaisseaux de ligne de forte dimension sont rangés le long du quai, où la profondeur de l'eau permet de les amarrer ; puis des frégates, des bricks, des corvettes et autres bâtiments de guerre plus légers se balancent gracieusement sur les flots. L'aspect de tous ces navires nous séduit ; nous admirons leur élégance extérieure, leurs couleurs éclatantes, leur air propre et leur bonne tenue apparente ; mais si nous montions sur quelqu'un d'eux lorsque l'équipage est réuni, notre illusion se dissiperait bien vite ; le désordre, la plus rebutante malpropreté, l'indiscipline, l'ignorance, principales causes de l'infériorité de la marine turque, nous prouveraient que les apparences étaient trompeuses et que rien ne répond en réalité à ces dehors brillants.

Parmi les vaisseaux auprès desquels passe notre caïk, il en est un que nos bateliers ne manqueront certainement pas de nous signaler ; c'est une petite frégate française prise par les Turcs pendant l'expédition de Bonaparte en Egypte. La rareté des succès des Ottomans sur mer justifie ce mouvement d'orgueil national.

En reportant la vue sur le rivage, nous contemplons la ceinture de constructions qui borde ce vaste bassin ; nous voyons successivement les magasins qui renferment les bois de construction, tous tirés des provinces de l'empire ; les chantiers, l'arsenal, l'école de navigation ; à côté et sur le second plan, la corderie ; enfin les kiosks, les mosquées et les minarets qui s'élèvent çà et là. Nos oreilles sont frappées du bruit monotone que font, en chantant, les nombreux ouvriers attachés à ces établissements, et les cimes des cyprès qui se balancent au-dessus du mur extérieur complètent le tableau, un des plus majestueux qu'on puisse voir à Constantinople. Mais une impression douloureuse nous saisit au souvenir du bagne, situé à côté de ces belles constructions ; le bagne, qui ne renferme pas seulement des criminels, mais aussi quelquefois des malheureux que les hasards de la guerre ont fait tomber entre les mains des Turcs ; le bagne, où d'infortunés Français, victimes d'une odieuse violation du droit des gens, attendirent longtemps que la Porte, délivrée des influences perfides auxquelles elle avait cédé, rendît enfin à la nation française sa confiance et sa vieille amitié.

En jetant un dernier coup d'œil sur l'ensemble du bassin et des constructions maritimes, nous reconnaissons avec étonnement que l'entrée de cette spacieuse enceinte n'est défendue que par de petits radeaux fixés par des ancres et qui supportent des poteaux indiquant la limite du domaine de l'Etat. Quelquefois on ajoute des guérites également placées sur les radeaux et dans lesquelles des gardiens spéciaux sont chargés de tenir les bateaux de passage à une distance respectueuse. Mais cette précaution n'empêche pas toujours les bateliers de forcer la consigne, et l'insouciance des sentinelles encourage ces infractions.

Nous reprenons notre route que nous avions interrompue pour admirer cette imposante scène ; nous passons auprès du palais du *Tersana-Emini* (intendant de l'amirauté), et devant une mosquée en briques rouges. C'est le seul temple musulman de cette couleur ; tous les autres sont construits en pierres ou en marbre blanc. Une tradition populaire rend compte de cette particularité, dont le véritable motif est inconnu ; on dit que, pendant le siége de Constantinople par Mahomet II, il se fit sur cet emplacement un carnage si affreux, que le sang des victimes atteignait la hauteur du minaret de la mosquée ; et c'est pour perpétuer le souvenir de ce terrible combat, que l'on distingua cet édifice par la couleur rouge.

Nous arrivons au village de Khas-Keuï, localité extrêmement malsaine à cause de son exposition au souffle brûlant
du sirocco (vent du sud), des exhalaisons méphitiques pro-
duites par les terrains limoneux des environs, et des vapeurs
délétères qui sortent des fourneaux des fabriques voisines.
Cependant le nombre des habitants de Khas-Keuï est considérable relativement à l'étendue du village; de nombreuses
familles de juifs se sont établies dans la partie basse, et des
Arméniens jouissant d'une certaine fortune se sont fixés dans
la partie supérieure.

On voit à Khas-Keuï le *Guïumuch-Khané*, établissement
où s'opèrent la fonte et l'affinage de l'argent destiné à être
monnayé. A une faible distance du rivage est la nouvelle
fonderie des canons; plus loin on peut visiter l'église de
Sainte-Paraskèvi et Kirmisi Djami. Le bâtiment de l'école des
ingénieurs s'élève plus loin ; c'est dans cette institution, fondée par Sélim III, que les jeunes Turcs apprennent les ma-
thématiques et reçoivent les principes de la haute science
militaire.

Le village de Kalisch-Oghlou n'est en quelque sorte que le
prolongement de Khas-Keuï. Sur le rivage on voit la caserne
des *Koumbaradji* ou bombardiers, construite dans un endroit
insalubre et sur un terrain d'alluvion, comme la caserne des
galioundji. L'édifice que nous avons devant les yeux est de
forme carrée, comme tous ceux qui ont la même destination
à Constantinople, excepté ceux de Top-Khana, lesquels sont
composés d'un seul corps de bâtiment en ligne droite. Les

casernes n'ont généralement qu'un rez-de-chaussée et un
étage, tous deux précédés, à l'intérieur, d'un portique spacieux. Elles se composent d'appartements de deux pièces donnant l'une sur le devant, l'autre sur le derrière. Chacune des
quatre façades est ornée d'un kiosk, dont un, le plus apparent, est destiné à recevoir le sultan lorsqu'il visite les casernes. Ce qui étonne le plus dans ces établissements, ce n'est
pas l'extrême propreté qui y règne, mais le silence religieux
de leurs habitants.

A l'endroit où nous sommes arrivés, les deux rives du port
se rapprochent, et l'on est obligé de suivre la route qu'indiquent les poteaux dont la cime s'élève au-dessus des eaux.
Nous apercevons à gauche des palais abandonnés; à droite,
des pierres éparses nous montrent la place de *Yèlan-Sèraï*,
ou *palais du serpent*, ainsi nommé, parce que la sultane
qui l'habitait trouva, un jour, un serpent dans son lit. Plus
loin s'élève le modeste couvent des *Derviches Begtachi*. Enfin
nous voici à la hauteur de la promenade des Eaux-Douces,
dont l'approche nous est, du reste, assez indiquée par la foule
des gens qui s'y rendent comme nous.

Deux petites rivières baignent cette partie des environs de
Constantinople, et débouchent, après s'être réunies, dans le
golfe que les anciens appelaient la Corne-d'Or, en raison de
la configuration du terrain compris entre les deux cours
d'eau ; ce terrain forme une espèce de croupe ou de promontoire que les Grecs nommaient *Semystra*. C'est là, disaient-
ils, qu'Io, fille d'Inachus, métamorphosée en génisse par la

fureur jalouse de Junon, mit au jour une fille qui fut appelée *Céroessa*. De l'union de cette dernière avec Neptune naquit Byzas, héros demi-dieu qui passe pour le fondateur de Byzance. Cette allégorie était ingénieuse, comme toutes celles dont fourmille la mythologie grecque; en effet, c'est de la réunion des eaux douces des deux rivières avec les eaux de la mer ou Neptune, que résulte le golfe de la *Corne* ou de *Céras*, sur les rives duquel s'éleva Byzance. Et si la ville ne fut pas bâtie à l'endroit même du confluent, c'est que, suivant l'historien Denis, un corbeau enleva du milieu des flammes d'un sacrifice un lambeau de chair qu'il déposa sur le promontoire de Byzance, ce qui signifiait évidemment que les dieux voulaient voir la future capitale de l'empire romain s'élever sur l'emplacement du Séraï actuel.

Telles sont les traditions qui se rattachent à cette localité. Maintenant voici le côté réel et prosaïque.

Les deux rivières longtemps connues sous les noms de *Cydaris* et de *Barbyzès*, s'appellent aujourd'hui *Kiaat-Khana-Souïou* et *Ali-Beï-Keuï-Souïou*, c'est-à-dire rivières de Kiaat-Khana et d'Ali-Beï, villages que baignent leurs eaux. La vallée du Barbyzès est aussi communément désignée par la dénomination d'*Eaux-Douces d'Europe*. Ces nombreuses îles que nous apercevons de l'endroit où nous sommes arrêtés sont ce que les anciens appelaient *Sapra-Thalassa*, l'équivalent du *mare putridum* des Latins. Elles se composent d'un sol marécageux formé par alluvions successives. Deux belles tuileries ont été construites sur les plus grandes de ces îles.

Nous nous avançons dans l'étroite vallée de Kiaat-Khana; nous rencontrons, chemin faisant, un palais, maison de plaisance du Grand-Seigneur et un kiosk abandonné. Sa Hautesse aimait autrefois à venir assister dans ce pavillon à l'exercice du tir à balles; le but était une cruche remplie d'eau qui, en éclatant et en laissant tout à coup échapper le liquide, montrait de loin qu'elle avait été atteinte. Ce jeu alternait avec l'exercice du canon, auquel se livraient, sous les yeux du prince, de jeunes bombardiers.

Nous suivons ensuite la longue et belle allée qui ombrage le canal dans lequel coulent les eaux du Barbyzès, tantôt interrompues par des cascades au doux murmure, tantôt emprisonnées dans des bassins de marbre blanc. Ce canal est l'ouvrage de Sultan-Ahmed III, qui, voulant avoir une reproduction en miniature des eaux de Marly, ordonna aux architectes chargés de l'exécution de ces travaux de suivre le plan indiqué par Mehemmed-Effendi, ambassadeur turc à la cour de France. Traversons dans toute sa longueur la vaste prairie que baignent les eaux du canal, et dans laquelle le fameux Moustapha-Baïrakhtar, peu de jours avant la catastrophe où périt l'infortuné Sélim III, donna un magnifique festin aux Janissaires et aux grands propriétaires d'Asie. Nous arriverons au petit village de Kiaat-Khana (ou mieux *Kiaghid-Khana*, la papeterie), renommé pour son *yoghourt* (lait caillé).

Quoique l'air y soit d'ordinaire pesant et chaud, c'est dans ce village que les Francs guéris de la peste, ou qui ont été exposés aux atteintes du fléau, viennent faire quarantaine, et ils s'en sont toujours bien trouvés. Un médecin s'étant livré à des recherches suivies pour découvrir la cause de la non-invasion de la terrible maladie aux Eaux-Douces, trouva un jour sur le pis des vaches et sur les mains des paysannes des environs des boutons de même aspect et de même nature que ceux qui recèlent le vaccin; il s'imagina en conséquence que la vaccine serait un préservatif efficace contre la peste; mais les expériences faites n'eurent aucun résultat.

Le sultan vient, tous les ans, durant le mois de mai passer une quinzaine de jours aux Eaux-Douces d'Europe. L'accès de la prairie est alors interdit au public, et la cour s'y livre à mille divertissements, parmi lesquels le jeu du *djérid* est le préféré. Les promeneurs peuvent assister à ce curieux spectacle du haut des collines au milieu desquelles s'étend la vallée; mais malheur à celui qui oserait porter un regard profane sur le camp impérial lorsque les Kadines se promènent, par une insigne faveur de Sa Hautesse, dans la prairie ou sous le frais ombrage des arbres du canal! Du reste, en pareille circonstance, des bostandji placés en sentinelle de distance en distance ont soin de ne laisser approcher personne et d'avertir ceux qui se dirigent de leur côté.

Si nous franchissons l'espace qui nous sépare de la vallée d'Ali-Beï-Keuï-Souïou, nous trouverons encore une belle et vaste prairie qui offre une promenade agréable. C'est dans

ces pâturages qu'on met au vert les chevaux du sultan. Il
serait fort imprudent alors de s'en approcher ; on s'exposerait
à être assassiné ou tout au moins pillé par les paysans bulgares commis à la garde des chevaux.

Voici, pour les voyageurs qui ne se trouveraient pas à
Stamboul à l'époque où la mise au vert a généralement lieu,
de quelle manière se fait cette singulière cérémonie.

Un peu avant le 1er mai, les Bulgares chargés du panse-
ment des chevaux de Sa Hautesse parcourent les rues par
groupes de cinq ou six, en faisant résonner leurs aigres cor-
nemuses, et en dansant d'une façon grotesque, pour se faire
remarquer des passants dont ils cherchent à tirer quelques
aumônes. Le 1er de mai arrivé, les chevaux sortent des écuries impériales et sont dirigés vers la grande porte du Séraï,
par où ils passent pour traverser la ville et se rendre à Ali-
Beï. Au milieu de la procession figurent les Bulgares, jouant
de la cornemuse sans pitié pour les oreilles des curieux, dont
la foule est considérable sur leur passage. Le dernier personnage qu'on aperçoit est le grand-écuyer ou *Buïuk-Im-
rakhor*, chargé de présider au campement dans la prairie
d'Ali-Beï. Il est monté sur un superbe cheval et entouré
d'une suite nombreuse. Une chose frappe l'étranger qui assiste pour la première fois à ce spectacle : c'est que dans ce
cortège il y a peu de chevaux vraiment remarquables. Voici
l'explication de ce fait: les Musulmans, qui sont très super-
stitieux, croient surtout à l'influence pernicieuse du *mauvais
œil* ou *nazar*. Pour éloigner d'eux tout maléfice, ils placent

sur la tête de leurs enfants un triangle de maroquin brodé en or, renfermant un verset du Coran également brodé. Or, pour mettre aussi les plus beaux chevaux du Grand-Seigneur à l'abri du *mauvais-œil*, on les fait sortir pendant la nuit et avec le plus grand mystère. Quant à ceux qu'on aventure dans le cortége du jour, on les affuble, dans la même intention, de couvertures qui les dérobent presque entièrement aux regards des spectateurs, et on garnit leurs fronts d'ornements brillants, pour attirer l'attention et la détourner des chevaux privilégiés qui marchent un à un, conduits par deux bostandji. La musique militaire, qui ferme la marche, achève, en faisant le plus de bruit possible, de soustraire à toute observation dangereuse les précieux animaux.

Le Sultan assiste au défilé du haut d'un kiosk placé au-dessus de la porte principale de son palais, et qui porte le nom d'*Alaï-Kiosk* (kiosk des cortéges). Le grand-vizir y assiste également de chez le kiahya-beï , dont le logement se trouve en face du kiosk où se tient le Grand-Seigneur. L'illustre visiteur y gagne un magnifique présent, que le kiahya-beï est tenu de lui offrir, pour le remercier de l'honneur que lui fait Son Excellence. Quant aux grands de l'empire, ils ne paraissent pas à la cérémonie, et quelques officiers du Séraï sont seuls présents à la sortie des chevaux.

Lorsque nous revenons dans la prairie de Kiaat-Khana pour nous acheminer vers notre demeure, nous trouvons les bords du canal couverts de groupes de toutes nations, de promeneurs de toute classe, qui viennent respirer au bord de l'eau l'air pur et frais du soir. Après avoir, pendant quelques instants, observé l'attitude et la physionomie des individus qui posent devant nous, et qui se livrent, sur ce terrain neutre de toutes les croyances, à toute la liberté de leurs allures naturelles, nous nous décidons à quitter ce délicieux vallon et à retourner à Péra. Deux chemins s'offrent à nous : la route de mer et la route de terre. Nous choisissons la dernière pour avoir l'occasion de visiter, chemin faisant, des localités que nous ne connaissons pas encore, et qui ne sont pas assez attrayantes pour mériter une excursion spéciale.

Nous gravissons d'abord une colline roide et inculte qui nous conduit à la *Plaine-des-Flèches* ou *Ok-Meïdan*. C'est ici que le Sultan vient quelquefois s'exercer au tir de l'arc. Partout où est tombée une flèche lancée par la main impériale s'élève une petite colonne de marbre blanc. Il serait curieux de savoir si l'idée de ces monuments destinés à perpétuer le souvenir de faits si puérils a été inspirée par la flatterie courtisanesque ou par l'orgueil des souverains eux-mêmes.

Dans la plaine que nous parcourons se trouve le *Yagh-mour-Tache*, ou escalier de quelques degrés, au-dessus duquel s'étend une petite plate-forme de marbre blanc. Là le muphti ou l'imam-bachi[1] du Sultan vient, pendant les longues sécheresses, demander à Dieu le retour de la pluie.

Nous traversons ensuite le village de *Piali-Pacha*, qui

(1) Chef des Imam.

possède une mosquée remarquable par six coupoles, particularité qui lui donne un trait de ressemblance avec la grande
mosquée de Brousse et celle de la Mecque. Puis nous suivons
la cime des collines, en laissant Saint-Dimitri sur la gauche,
et après avoir traversé le *Kanli-Tchokour* ou *creux ensan-
glanté*, après plusieurs haltes pendant lesquelles nous contemplons les divers points de vue qui se succèdent sous nos
regards, nous atteignons le Grand-Champ-des-Morts et nous
arrivons enfin à Péra.

SCUTARI.

Scutari (en turc *Ouskoudar*) est un vaste faubourg d Constantinople, situé sur la rive asiatique. C'est l'ancienne Chrysopolis, dont l'histoire a enregistré les titres à la célébrité.

Ce nom de *Chrysopolis* vient-il de Chrysès, fils d'Agamemnon et de Chryséide, qui, poursuivi par Clytemnestre, vint demander un asile aux habitants de ce rivage et y trouva la mort; ou bien faut-il en chercher l'origine dans l'usage où étaient les Perses de déposer et de recueillir à Chrysopolis l'or provenant des tributs de la Bithynie? Il est inutile de disserter longuement sur ce point, dont l'examen importe peu au voyageur.

La même difficulté s'est élevée au sujet du nom de *Bos-porus*, que portait autrefois le promontoire sur lequel s'étend Scutari. Quelques écrivains disent que cette dénomination était destinée à rappeler la mort de Bos, femme de l'Athénien Charès, qui combattit Philippe de Macédoine. Ce qui donne quelque poids à cette opinion, c'est qu'on voyait autrefois à Chrysopolis la statue de l'épouse de Charès. D'autres historiens respectables rapportent à Io, changée en génisse par Jupiter, le nom de *Bosporus*, disant que c'est à ce promontoire qu'elle aborda. *Bosporus* signifie en effet, en grec, *trajet de bœuf* ou *de génisse*. Ajoutez que *Damalis*, qui était aussi le nom du promontoire, veut dire également *génisse*. Enfin d'autres auteurs moins poétiques, au lieu de chercher dans la fable ou dans l'histoire l'étymologie de *Bosphore*, l'expliquent en disant que les premiers habitants de cette terre ont voulu indiquer par cette dénomination la facilité qu'aurait un bœuf à traverser à la nage le détroit qui sépare, en cet endroit, l'Asie de l'Europe. Nous offrons ces différentes explications au lecteur, en lui laissant la liberté du choix.

En général toutes les villes d'Orient, surtout celles que baignent les flots de l'Archipel et de la Propontide, ont leur place marquée dans les fastes de l'histoire militaire de l'antiquité. Il n'est pas un hameau de ce pays qui ne rappelle quelque fait mémorable. Chrysopolis ne doit pas être exceptée; elle a eu sa part des vicissitudes qu'ont subies, dans le cours de leurs luttes, les républiques et les monarchies anciennes. Son territoire a été plus d'une fois

foulé par les armées grecques et asiatiques. Aujourd'hui rien
ne raconte son passé, et les échos de ses vastes cimetières ne
retentissent plus de cris de guerre que lorsqu'une armée ottomane, destinée à aller combattre en Asie-Mineure, se ras-
semble sous ses murs [1].

Devenue, sous le nom de *Scutari*, l'entrepôt principal de
la Syrie et de la Perse, l'antique Chrysopolis voit s'agiter
dans son sein une population pacifique et exclusivement
préoccupée de projets de fortune. Tous les matins l'échelle
d'Ouskoudar est encombrée de gens qui s'embarquent pour
Constantinople dans le but d'y aller traiter des affaires de
commerce, et qui reviennent le soir à leur domicile. C'est ce
faubourg que traversent toutes les caravanes qui se rendent
dans l'intérieur de l'Asie. Scutari et Galata, voilà deux cen-
tres d'activité au milieu de cette immense capitale, où tout le
reste languit et dort d'un sommeil fatal.

Si le temps était calme, nous pourrions nous transporter
en un quart d'heure à Scutari ; car bien que cette ville soit
située dans une autre partie du monde, elle n'est séparée de
l'échelle de Top-Khana que par une distance de mille à onze
cents toises. Mais le vent du nord souffle, et nous sommes
obligés de remonter le Bosphore, pour nous laisser ensuite
aller au courant, qui, avec l'aide de nos rameurs, nous por-

---

(1) C'est, en effet, près de Scutari qu'a lieu le rassemblement des
troupes, quand la guerre doit se faire en Asie. Lorsque l'Europe doit en
être le théâtre, c'est dans la plaine de Daoud-Pacha que s'exerce l'armée turque.

tera doucement sur le point de la rive opposée où nous voudrons débarquer. Sans cette précaution, que ne manquent jamais de prendre les bateliers, la barque serait entraînée rapidement dans la Propontide, ou irait se briser contre le rocher de Kyz-Koulèci.

Pendant ces traversées, il arrive quelquefois qu'un brouillard épais s'élève tout à coup autour de vous et vient ajouter un nouveau danger à ceux auxquels vous exposent les vents et le courant. Alors vous êtes plongé dans une obscurité profonde ; la côte asiatique s'éclipse entièrement ; c'est à peine si vous pouvez distinguer les rameurs placés tout près de vous. La situation est d'autant plus critique que vous ne savez où vous allez ; point de bruit qui vous dise où vous êtes. Cependant la force du courant fait faire du chemin à la barque, et quand le nuage se dissipe, ce qui a lieu quelquefois comme par enchantement, vous vous trouvez, à votre grande surprise, bien loin dans la mer de Marmara.

Nous remontons donc le Bosphore jusqu'à la distance d'un mille et demi environ. C'est pour nous une occasion de revoir le coteau et le palais de Dolma-Baghtchè, le joli village de Bèchik-Tach, les maisons de plaisance et les kiosks élégants qui se mirent dans les eaux du canal. Nous poussons enfin au large et nous abordons à l'échelle du magasin au blé, sur le rivage asiatique.

Il y a peu de temps encore, la totalité des grains servant à la consommation de la capitale sortait de ces magasins ; le froment provenant d'un autre grenier était considéré comme objet de contrebande ; le gouvernement turc accaparait tous les blés et les livrait ensuite à un prix beaucoup plus élevé que celui auquel il les avait achetés. Mais le pouvoir n'était pas le seul qui trouvât son profit à ce monopole ; les agents subalternes voulaient aussi avoir le leur, et pour cela ils faisaient des mélanges, vendaient à faux poids et altéraient la qualité des grains. Le malheureux boulanger qui voulait se dédommager aux dépens du consommateur de la perte que lui avaient fait subir les agents du fisc, était condamné à rester cloué par une oreille à la porte de sa boutique[1]. Ainsi il n'y avait qu'un seul coupable puni ; les autres échappaient par leur position à la vindicte de la loi. Sultan Mahmoud a compris qu'un pareil abus était devenu incompatible avec les principes de civilisation dont il s'est fait le hardi propagateur ; il a, en conséquence, aboli le monopole des grains ; cette sage mesure, qui remonte à quelques mois, a rendu libre le commerce des céréales.

Nous traversons le cimetière consacré aux Arméniens, et, laissant Scutari à droite, nous nous dirigeons vers la montagne de Boulgourlou, distante d'une demi-lieue environ. Quand nous aurons vu le panorama qui se développe autour

---

(1) L'étranger était quelquefois surpris de voir dans une rue de Constantinople un pauvre diable collé contre une porte, ne touchant à la terre que par la pointe des pieds, grimaçant et se démenant comme un supplicié. L'étonnement du voyageur cessait lorsqu'on lui apprenait que le malheureux patient était un boulanger pendu par l'oreille pour avoir été surpris par le kadi en flagrant délit de vente à faux poids.

de cette montagne, nous reviendrons au faubourg, que nous pourrons parcourir à notre aise.

Nous traversons la vallée du Rossignol (*Bulbul-Dèrè*) ; nous laissons derrière nous un petit village à l'entrée duquel on voit une habitation impériale ; puis, suivant un chemin bordé d'arbustes et de plantes aromatiques, nous arrivons au but de notre promenade.

Le mont Olympe dans sa paisible majesté ; le Bosphore, que les rayons du soleil transforment, à cette heure de la journée, en un miroir resplendissant ; ses deux rives chargées d'ombrages frais et de gracieuses habitations ; Constantinople avec sa forêt de minarets, plus légers que les flèches les plus déliées de nos cathédrales gothiques ; le Séraï, dont nos regards peuvent d'ici sonder toutes les profondeurs et parcourir tous les détours ; le port et ses mille vaisseaux ; la mer de Marmara dans toute son étendue, avec les îles des Princes et les golfes nombreux creusés par les flots dans la rive d'Asie ; la pointe de Chalcédoine couronnée d'arbres séculaires ; plus près de nous Scutari, la Tour de Léandre, les cimetières musulmans, que signale au loin la masse sombre et mobile de leurs cyprès ; des villages, des routes qui se croisent et fuient sous le regard ; des campagnes où s'étale un luxe de végétation inconnu à l'Europe ; voilà ce que nous voyons au sommet de Boulgourlou [1]. N'y a-t-il pas

(1) La hauteur de cette montagne, qui fait partie de la chaîne de la Bithynie, est de 240 mètres.

là de quoi nous dédommager des fatigues d'une marche pénible?

. Toutefois ce n'est pas ici qu'il faut venir admirer Constantinople. La grande capitale est trop loin pour qu'on puisse
en saisir les détails et en embrasser le majestueux ensemble ;
on croirait qu'on l'aperçoit au travers d'une lunette d'approche prise au rebours. C'est Stamboul en miniature. « Vue
de cette distance et à cette hauteur, dit un écrivain que nous
aimons à citer[1], Constantinople perd beaucoup de sa magnificence ; ses mosquées semblent diminutives et ses collines
sont à peine sensibles. Son étendue n'est plus rien au milieu
des déserts qui l'environnent ; le Bosphore n'est plus qu'un
ruisseau argenté , son port qu'une anse, ses navires que des
coques de noix, et les îles des Princes de simples écueils.
Byzance, la superbe Byzance, ne paraît plus qu'une ville en
relief ; la Propontide et le mont Olympe sont les seuls
objets en harmonie. »

« La montagne de Boulgourlou, dit un autre auteur, est
un véritable château d'eau. » Elle recèle, en effet, un grand
nombre de sources qui s'échappent dans toutes les directions
et entretiennent la fraîcheur dans les environs. Avant de
nous remettre en marche pour regagner Scutari, allons
nous désaltérer à la plus abondante de ces fontaines ; elle se
trouve dans le hameau voisin ; nous pourrons nous asseoir
à l'ombre de ses platanes ou goûter un instant de repos dans

(1) Le docteur Brayer, dont l'ouvrage nous a déjà fourni plus d'un
renseignement précieux.

le petit bois qui l'avoisine, retraite paisible qui sert d'asile à de nombreux bataillons d'écureuils.

Nous reprenons le chemin de la ville que nous n'avons pas encore vue. Nous y entrons par Selimiyè, ou quartier de Sélim, nouvellement bâti au haut du faubourg. Nous visitons successivement les mosquées de Validé et d'Allah, le marché aux chevaux (At-Bazar), Mohammed-Pacha et Sultan-Mustapha-Djamissi ; chemin faisant nous rencontrons de jolies fontaines où les Musulmans viennent puiser de l'eau et faire leurs ablutions.)

Nous sortons enfin de Scutari pour aller parcourir le grand cimetière des Ottomans. Ces enceintes funèbres offrent un aspect encore plus imposant que le Grand-Champ-des-Morts de Péra. Non-seulement les cimetières de Scutari sont plus vastes, mais les tombeaux qui les décorent sont plus élégants, les cyprès qui les ombragent plus élevés et plus rapprochés les uns des autres que ceux des cimetières de Constantinople. Ces particularités s'expliquent par la préférence que les riches habitants de Stamboul accordent aux champs des morts de Scutari sur ceux d'Europe. La terre d'Asie, disent-ils, appartient aux vrais croyants, la terre d'Europe doit un jour tomber entre les mains des Infidèles ; et ce sentiment d'orgueil ou de piété les décide à se faire inhumer à Scutari. Des personnages éminents, de hauts fonctionnaires de l'Etat ont leur mausolée dans le jardin funéraire que nous parcourons. A la forme des turbans qui les surmontent, nous reconnaîtrons les tombeaux des Molla, des

Kazi-Asker, des Capitan-Pachas, des Yèni-Tcher-Aghassi, des Muphti, des Grands-Vizirs. Parmi ces hommes illustres, il en est qui ont mené une existence agitée et qui ont traversé des révolutions sanglantes, ou pris part à des événements dont l'histoire a consacré le souvenir. Aujourd'hui leur ombre dort d'un sommeil que trouble seulement le pas du promeneur ou la prière plaintive de la veuve qui vient pleurer sur les cendres de son époux.

Avant de songer à nous rembarquer, nous avons à visiter un des quartiers les plus agréables de Scutari; c'est *Baghlar-Bachi* (le *haut-des-vignes*) nouvellement construit au sud du faubourg. La situation de ce lieu, la bonté de l'eau qu'on y boit, la salubrité de l'air qu'on y respire, plus que tout cela peut-être l'extrême modicité du prix des loyers, attirent à Baghlar-Bachi un grand nombre de familles arméniennes qui aiment à passer la belle saison à la campagne, tout en restant à proximité du centre de leurs affaires.

Non loin de Baghlar-Bachi on trouve un kiosk et une fontaine agréablement placés. Le coteau au sommet duquel elle s'élève est planté en vignes, et fournit à Constantinople un raisin digne d'être comparé au chasselas de Fontainebleau; ce raisin se nomme *tchaouch-uzum*; le *barmak-uzum*, autre espèce, commence à donner lorsque le premier est épuisé. Son nom indique la forme de ses grains, car *uzum* signifie *raisin* et *barmak*, *doigt*, à cause de la ressemblance du grain avec la dernière phalange du petit doigt.

La mosquée de Sélim, située sur une éminence, devient enfin
notre point de mire. Construit par ordre de Sultan-Sélim III,
ce temple offre un carré couronné d'une coupole hardie. Sur
la façade règne une longue galerie à colonnes avec deux
minarets et terminée par deux pavillons. De l'élévation où
est placé ce beau monument, dû au plus juste des prédéces-
seurs de Mahmoud, on jouit d'une belle perspective dont le
mur d'enceinte de la mosquée n'empêche pas de considérer
les détails.

Près de Sélim - Djamissi est l'imprimerie que Sultan-
Ahmed III institua avec l'autorisation religieuse délivrée
par le muphti. Cet établissement fut abandonné après la mort
du célèbre Ibrahim - Effendi, auteur plein d'érudition,
imprimeur habile et fondeur en caractères. Ce fut Sélim III
qui le releva ; mais les copistes, effrayés des progrès de
l'imprimerie, firent si bien que l'institution d'Ahmed III
tomba une seconde fois en oubli. Aujourd'hui, grâce au zèle
éclairé de Sultan-Mahmoud, on n'imprime pas seulement des
livres à Constantinople, mais encore des journaux, et, qui
mieux est, des journaux français. Le *Moniteur Ottoman*,
fondé par notre compatriote M. Blacque, mort l'année dernière à Malte, est continué par des hommes parfaitement
capables de seconder les vues du gouvernement turc. L'in-
trépide docteur Bulard, autre Français connu en Orient
pour ses études sur la peste, a fondé à Constantinople une
autre feuille exclusivement consacrée à la médecine.

Il nous reste encore assez de temps pour aller visiter les

ruines de Chalcédoine. Allons donc rejoindre notre bateau à
l'échelle voisine où nous avons donné rendez-vous à nos rameurs , et tournons la proue vers la pointe près de laquelle
s'étend le modeste village du Kadi.

En foulant le sol qu'occupait autrefois Chalcédoine , les
souvenirs arrivent en foule à notre imagination. Fondée par
des Mégariens, la ville de Chalcédoine ne tarda pas à acquérir
une grande célébrité dans le monde oriental. Les oracles
rendus dans son temple d'Apollon y attiraient une foule de
personnages illustres , curieux de lire dans le livre du destin.
Grâce à la sagesse de ses institutions modelées sur celles des
républiques grecques , sa prospérité se maintint pendant
une longue période ; mais sa situation l'exposait à trop de
dangers pour qu'elle pût résister aux attaques de ses ennemis. Assiégée et prise par les Athéniens, elle leur fut enlevée
par les Spartiates , dans le cours de la guerre du Pélopo-
nèse. Les Perses la détruisirent , mais elle fut relevée par
Cornélius Avila. Constantin-le-Grand avait eu un moment
l'idée de faire de Chalcédoine la capitale de l'empire romain ;
mais soit que la décision des augures eût influé sur la volonté
de l'Empereur, soit qu'il eût reconnu dans la position qu'occupé aujourd'hui Constantinople des avantages que n'avait
pas la situation de Chalcédoine , ce fut Byzance qui l'emporta
et qui prit la place de Rome. Sa rivale, après plusieurs
siècles de splendeur, disparut dans les guerres sanglantes
du Bas-Empire. Les annales de l'antiquité grecque nous
apprennent qu'elle avait vu naître dans ses murs Xénocrate

et d'autres hommes dont la renommée a échappé au naufrage des temps.

De tout cela il ne reste plus rien. A la place d'une ville riche et florissante s'élève aujourd'hui un village à l'aspect triste et désolé. Seulement, près d'une mosquée bâtie par Soliman , on voit une humble église en ruines qui rappelle le passé glorieux de Chalcédoine ; cette église, dans laquelle il est presque impossible d'entrer, tant les pierres détachées de ses murs en ont encombré les issues, ce temple abandonné , où la voix du prêtre ne retentit plus depuis longtemps , c'est l'ancienne basilique de Sainte-Euphémie. C'est là que se tinrent les conciles dans lesquels furent discutés les schismes de la communion chrétienne ; c'est là que Nestorius et sa doctrine furent solennellement réprouvés; c'est là enfin que l'anathème fut prononcé contre la secte des iconoclastes.

En parcourant les environs de Kadi-Keuï, nous arrivons à l'embouchure du Chalcédon, qui n'est plus qu'un torrent obstrué par la vase et les alluvions. Des émanations malfaisantes s'élèvent de ce lieu marécageux ; mais peu importe à la population de la bourgade, qui ne laisse pas d'être nombreuse.

Nous remontons en bateau et nous doublons le promontoire de Chalcédoine (*Monda-Bournou*). Nos rameurs suivent avec précaution la ligne de jalons tracée dans l'eau, pour éviter les écueils dont ces parages sont semés. Nous entrons bientôt dans le port d'Eutrope, anse commode et vaste qui pourrait contenir un nombre immense de navires de toute grandeur. Nous nous rappelons l'horrible supplice de Maurice et de ses enfants, tués, par ordre de Phocas, sur la rive que baignent les flots de cette rade. Ce lieu fut aussi témoin de la mort d'Eutrope, cet eunuque fameux qui, après avoir occupé le premier poste à la cour de l'empereur Arcadius, périt misérablement, abandonné par la fortune. Si nous mettons pied à terre sur le rivage, nous apercevrons encore des restes de constructions antiques dues à Justinien.

Le cap du Fanal (*Féner-Bournou*), dont nous allons ensuite parcourir les côtes, est l'ancien promontoire Herœum. On y voyait, au temps du paganisme, un temple de Junon. L'empereur Justinien y avait fait bâtir une maison de plaisance connue dans les ouvrages des auteurs byzantins sous le nom d'*Irea*. Cette presqu'île possédait aussi une basilique et des bains fondés par le même souverain, et que quelques-uns de ses successeurs, tels que Maurice, Basile-le-Macédonien et Constantin-Porphyrogénète se plurent à embellir. La citerne qu'on aperçoit dans les environs rappelle un fait assez curieux : elle fut comblée, ainsi que beaucoup d'autres, par ordre d'Héraclius ; cet empereur aurait voulu pouvoir faire disparaître l'eau de la surface du globe, tant était grande la terreur que la prédiction d'un astrologue lui avait inspirée de cet élément.

Si nous dirigeons notre barque vers le sud du promontoire, nous pourrons visiter un rocher sur lequel se voient encore les ruines d'un ancien autel. Ainsi chaque pas que nous faisons sur cette terre, aujourd'hui délaissée, nous offre

quelque vestige intéressant, nous rappelle quelque souvenir
poétique.

Nous prenons un instant de repos à Féner-Baghtchessi ;
nous jetons un regard sur la Propontide, dont la surface
tranquille réfléchit les derniers rayons du soleil ; les îles des
Princes surgissent devant nous avec leur physionomie pittoresque et comme d'immenses écueils détachés du continent
par quelque violente secousse. Autour de nous tout est calme,
tout invite à la rêverie ; nous nous y abandonnerions à coup
sûr si le crépuscule, qui commence à brunir l'horizon, ne
venait nous avertir qu'il est temps de regagner le Bosphore.

En remontant la côte asiatique, notre imagination,
puissamment excitée par les lieux et les objets que nous
avons vus pendant cette journée, se reporte aux temps où
une population florissante couvrait cette plage célèbre.
Nous assistons par la pensée aux évolutions des flottes grecques dans ces flots teints du sang de tant de nations ; nous
franchissons l'espace qui nous sépare de Nicée et de Nicomédie, et nous ressuscitons la splendeur de ces deux cités
fameuses ; nous évoquons les ombres des souverains de Bithynie et de leurs hôtes illustres. La grande figure d'Annibal,
mort sur cette terre, se dresse devant nous comme une ap-
parition. Nous nous retraçons aussi les exploits de ce terrible
roi du Pont, dont la valeur de Sylla put seule triompher. Tout
ce passé plein de gloire nous fait oublier que la main du
temps et le glaive de la guerre ont transformé en un désert
jonché de ruines mélancoliques ces provinces si riches et si

populeuses. Nous ne nous apercevons pas que notre caïk glisse rapidement le long du rivage, que nous avons déjà dépassé l'échelle du Harem et celle de Kawak. Bientôt cependant la clarté du phare de Kyz-Koulèci nous avertit que nous approchons du but. Quelques minutes après, en effet, les rames cessent de s'agiter, et nous mettons pied à terre à l'embarcadère de Top-Khana.

Cette promenade a été une des plus agréables que nous ayons faite. Nous connaissons maintenant les trois parties de la capitale : Constantinople proprement dite, Péra avec les faubourgs environnants, et Scutari. Il ne nous reste plus à visiter que quelques localités, trop intéressantes cependant pour être négligées. Dans ce nombre il faut compter les îles des Princes, auxquelles nous consacrerons une journée tout entière et plusieurs même s'il le faut.

CONSTANTINOPLE.

Nous nous proposons aujourd'hui de parcourir les quartiers
situés sur le rivage de la Propontide. Nous nous embarquons
à Top-Khana et nous faisons conduire directement, en longeant les murs du Séraï, à la porte nommée *Tchatladi-Ka-*
poussi.

Nous pénétrons d'abord dans le quartier de Condoskalè;
de là nous continuerons notre course par terre, en nous dirigeant, toujours à l'ouest, vers le château des Sept-Tours.

Nous retournerons à Top-Khana en caïk, le long du quai, que nous examinerons en passant.

Le premier monument qui se présente à nous, dans Condoskalè, c'est la Petite Sainte-Sophie (*Koutchouk Aya-Sofia*). Cette église, convertie par les Turcs en mosquée, est, après Sainte-Irène, la basilique grecque la plus ancienne de toutes celles qui subsistent encore à Constantinople. Comme la Grande Sainte-Sophie, elle a eu Justinien pour fondateur ; seulement, bâtie la première, elle a été en quelque sorte le coup d'essai de cet empereur. Ses proportions mesquines et la modestie de ses ornements prouvent qu'en la construisant, les artistes grecs avaient reçu l'ordre de réserver les ressources de leur génie pour un temple plus digne de la sagesse divine, à laquelle la grande et la petite Sainte-Sophie sont consacrées.

Située au-dessous de l'Hippodrome, Koutchouk Aya-Sofia est un édifice de forme circulaire surmonté d'un dôme à arêtes vives. A l'intérieur on remarque une galerie soutenue par des colonnes de vert antique et d'ordre ionique avec une corniche élégante. Le péristyle de la mosquée est l'œuvre des musulmans.

Au-dessus de la Petite Sainte-Sophie nous trouverons la mosquée de Mohammed-Pacha. Ce monument est d'un aspect des plus riants ; son péristyle de marbre blanc, sa cour entourée de portiques qui conduisent aux logements des imam, frappent d'abord agréablement les regards. La mosquée est entourée de dépendances, parmi lesquelles se trouvent des écoles, un imaret et une bibliothèque assez bien fournie. Mohammed-Pacha, fondateur de cet édifice et connu sous le surnom de *Kœprili*, fut grand-vizir sous le sultan Mohammed IV; il s'est rendu célèbre en Turquie par son amour pour les lettres et son zèle pour le progrès des lumières. Ahmed et Mustapha, qui lui succédèrent, se firent aussi remarquer par leur empressement à favoriser le développement intellectuel de leur nation.

Nous remontons encore le quartier de Condoskalè, en appuyant à main gauche, et nous nous trouvons devant la mosquée de Bajazet (en turc *Bayazid*). Nous pouvons nous promener librement dans la première cour, nous asseoir à l'ombre des platanes, des pins et des cyprès dont elle est plantée, et examiner les étalages des marchands qui y stationnent comme dans un bazar; dans la seconde cour nous admirons la richesse des portiques ornés de colonnes de vert antique et de granit oriental. Nous remarquons que cette belle mosquée se compose d'abord d'une nef principale avec coupole et deux demi-dômes en cul-de-lampe; ensuite de nefs latérales dont chacune est surmontée de quatre coupoles en rapport, pour les dimensions, avec celle du centre. La coupole principale est supportée par quatre colonnes de granit flanquées de quatre piliers. La tribune où le Sultan vient faire sa prière le vendredi est ce qu'il y a de plus remarquable à l'intérieur; elle repose sur dix colonnes de marbre serpentin et de jaspe d'une grande richesse. Nous retrouvons, en contemplant cet édifice, les mêmes impressions que nous avons éprouvées à l'aspect des autres mosquées impériales de

Constantinople, car c'est toujours le même caractère de grandeur, le même luxe dans les ornements de marbre, la même élégance dans la construction des minarets et des coupoles.

A quelques pas de la mosquée est le tombeau de Bajazet II, ce souverain dont le nom, justement célèbre, a retenti aussi souvent chez les nations de l'Occident qu'en Turquie.

A quelque distance de ce mausolée, et toujours à main gauche, se voit la mosquée des Tulipes (*Lalèli-Djamissi*). Construction d'une élégance remarquable, profusion de marbres magnifiques, voilà ce qui nous frappe au premier coup d'œil jeté sur ce monument religieux. Un examen plus attentif nous fait voir que son comble se compose d'un seul dôme, et que les portiques de sa seconde cour sont d'ordre ionique légèrement altéré. C'est parmi les dépendances de cette mosquée qu'est placé le tombeau de Sultan-Sélim III; c'est un titre de plus à l'attention des Européens et surtout des Français.

Boudroun-Djamissi, que nous rencontrons en redescendant vers le rivage, et près de laquelle il existe une citerne à colonnes, est une ancienne église grecque convertie en mosquée. A l'irrégularité de cette construction, au mélange hétérogène de tous les ordres dont elle se compose, aux formes peu gracieuses de ses points d'appui que couronnent des chapiteaux de style bâtard, nous reconnaissons que cet édifice appartient à une époque de décadence.

Le quartier auquel nous sommes parvenus est peuplé d'Arméniens. Ici les maisons sont à deux étages et ont un aspect sombre qui déplaît aux yeux. Qui pourrait compter les ri-

chesses entassées dans cette partie de Constantinople? car la
population arménienne est la plus industrieuse, partant la
plus riche de la capitale.

Nous arrivons à une place vaste et belle, malgré sa forme
irrégulière ; au centre est une fontaine où le marbre blanc a
été prodigué. Notre vue se repose agréablement sur les platanes, les ormes et les saules pleureurs qui étendent leur
ombre sur cette place et lui donnent une physionomie pittoresque.

Nous reprenons notre marche en nous éloignant de nouveau du littoral et en reprenant toujours la direction de l'ouest.
Les rues que nous suivons sont plus longues que celles des autres parties de la ville; il y règne moins de mouvement que
dans les environs de Sainte-Sophie, parce qu'il n'y a guère
ici que des artisans paisibles et des particuliers qui mènent
une vie retirée. Un voyageur qui a écrit un ouvrage sur
Constantinople compare ce quartier à celui du *Marais*, à
Paris, et cette comparaison est parfaitement juste.

Nous voici dans le quartier d'Avret-Bazar ; un Turc nous
indique l'endroit où l'on nous a dit que se trouvait la colonne
d'Arcadius. Nous approchons, et nous sommes surpris de
trouver, à la place d'un monument grandiose, une humble
ruine tout enfumée et près de laquelle nous serions passés
sans lui donner un seul coup d'œil, si nous avions ignoré son
origine. Ce bloc mutilé, sur lequel les incendies ont laissé
des traces visibles, était le piédestal de la colonne. Ce socle
a environ 18 pieds d'élévation, et le fût de la colonne, au,

trefois haute de 120 pieds, a douze pieds de diamètre à sa base. Nous nous éloignons sans regret de ce débris informe, qui nous inspire d'autant moins d'intérêt qu'il nous rappelle le souvenir d'un souverain sans force et sans vertus, à qui une femme et des eunuques arrachèrent les rênes du gouvernement.

La mosquée de Daoud-Pacha, que nous voyons à une petite distance de la colonne brûlée, est un témoin irrécusable de la faiblesse des empereurs grecs à l'époque des premières conquêtes des hordes ottomanes. Bajazet Ier força Paléologue à subir au sein même de sa capitale la construction d'un temple mahométan et à recevoir un kadi. L'empereur se résigna, et accepta sans murmurer la honte de cette humiliation. Le temple s'éleva, et ce fut la mosquée de Daoud-Pacha.

Cette mosquée se fait remarquer par un double portique en marbre, de forme gracieuse, et par un agréable entourage de verdure.

Ici encore il y a absence presque complète de vie dans les rues. Chemin faisant, nous observons avec surprise des maisons tombant en ruine, des espaces incendiés ou abandonnés, des terrains en friche, des jardins à peine cultivés; et ces tristes images ajoutent à l'impression mélancolique que produit sur l'étranger le silence et le calme de ces quartiers. On se croirait à cent lieues d'une grande capitale, et les signes de misère que nous apercevons autour de nous nous font oublier que, deux cents pas plus loin, la vie s'écoule paisiblement dans l'aisance et le bonheur. Mais cette promenade sera

utile au voyageur, car elle lui aura fait connaître une des
parties de Constantinople que les Européens visitent rarement, et qui donnent une idée exacte des contrastes d'une
ville orientale.

Ces deux belles églises en pierre, construites par ordre du
tolérant Sélim III, nous annoncent que nous sommes sur les
terres des chrétiens. Nous avons atteint, en effet, le faubourg
de Samatia, presque entièrement habité par des Grecs. Nous
poursuivons, et bientôt après, nous nous trouvons à Narli-
Kapou, qui forme le dernier quartier à l'angle occidental de
Constantinople. Nous pouvons visiter ici un établissement qui
ne peut manquer de nous intéresser ; c'est un hôpital bâti
par les Arméniens et consacré en partie aux maladies ordinaires et en partie aux aliénés. Cet hospice, quoiqu'il laisse
beaucoup à désirer sous le rapport de la situation et du local,
est un grand pas fait dans les voies de la civilisation, et mérite à ce titre l'attention des amis de l'humanité.

La mosquée de l'Ecuyer (*Emir-Akhor-Djamissi*), qu'on voit
aussi dans ce quartier, est l'ancien monastère Studius fondé
par Léon-le-Grand. Non loin s'étend une belle citerne dont
la voûte est divisée en petites coupoles supportées par
vingt-trois colonnes de marbre blanc et de granit, avec des
chapiteaux corinthiens.

Le château des Sept-Tours est devant nous, mais nous ne
le visiterons pas aujourd'hui. Nous le laissons sur la droite,
et nous embarquant dans un caïk, nous ramons le long du
rivage, dans la direction de la pointe du Séraï.

En avançant, nous remarquons des groupes de maisons bâties sur pilotis et dont les vagues de la Propontide battent les fragiles fondements. Ici, en effet, comme du côté du port, on a profité de l'étroit espace compris entre le rivage et le mur d'enceinte pour construire des habitations et des cafés, où la population oisive se donne rendez-vous. Des rues entières sont ainsi exposées à la fureur de la mer. Ce sont surtout les Arméniens qui recherchent le séjour de ces petites républiques où les exigences de la police centrale se font peu sentir. Cela se conçoit : les musulmans, qui mènent généralement une vie retirée, qui font peu de visites et se couchent de bonne heure, sont peu sensibles aux avantages de la liberté ; mais il en est tout autrement des rayas et des Arméniens, qui aiment à causer chez leurs voisins ou dans les cafés, et qui apprécient au plus haut degré l'avantage de pouvoir entrer chez eux quand bon leur semble.

Nous avons dépassé Narli-Kapoussi et Samatia. Près de Daoud-Pacha-Kapoussi était l'ancien port de Julien, et un peu plus loin celui de Théodose, tous deux comblés aujourd'hui par la mer et les déblais de la ville. Ces ports seraient pourtant d'un grand secours à Constantinople en cas de siége ; car dans la Corne-d'Or, son port unique, la marine ottomane serait de toute part exposée au feu de l'ennemi, dès que celui-ci serait établi sur les hauteurs du rivage septentrional.

Arrivés devant *Yèni-Kapoussi* (porte neuve), nous voyons une foule d'individus dans les jolis kiosks et les cafés du littoral. C'est que c'est dimanche, et chacun va goûter les doucœurs du *far niente* dans ces lieux consacrés aux plaisirs du public. Le vendredi est aussi jour de repos chez les Turcs, et les cafés regorgent de consommateurs, ce jour-là comme le dimanche. Si nous étions passés devant cette échelle pendant la matinée, nous aurions assisté à un spectacle des plus animés et qui ne laisse pas d'être curieux. Yèni-Kapoussi est le point où se rendent tous les bateaux qui viennent de la côte d'Asie, chargés de légumes et de fruits. Nous aurions vu de grosses barques, remplies de pastèques, de paniers de raisins, d'oignons et d'autres végétaux, s'arrêter dans ce petit port pourvu d'un embarcadère, puis des portefaix emporter sur leurs épaules d'énormes fardeaux de ces marchandises et se répandre dans toute la ville.

Des scènes intéressantes nous attendent aussi à la Porte-au-Sable (*Koum-Kapoussi*), qu'on trouve après Yèni-Ka-poussi. Le terrain d'alluvion qui s'étend entre le mur de clôture et la mer est couvert de cafés et de kiosks élégants où se presse une foule joyeuse, et d'où les sons d'une musique discordante arrivent parfois à l'oreille de l'étranger qui passe dans son bateau.

Nous atteignons successivement *Tchatladi-Kapoussi* (porte de la Crevasse), *Akhor-Kapoussi* (porte des Ecuries) et *Arab-Kapoussi* (porte des Noirs). Arrivés à ce point, nous sommes à l'extrémité du Séraï, dont il nous faut longer l'enceinte jusqu'au kiosk de marbre.

Jusqu'ici nous avons pu remarquer que le mur de la ville était dans un état de dégradation déplorable. Nous avons vu

dans plus d'un endroit les créneaux ruinés et de larges brè-
ches faites par la mer au flanc des murailles. Les Turcs dont
les habitations avoisinent l'enceinte de la capitale ont établi
des kiosks dans la plupart de ces interstices, et les Arméniens
y ont planté des arbustes dont l'ensemble forme de nombreux jardins. Les végétaux croissent entre les pierres et dans
le plus petit espace libre. Les propriétaires de ces oasis de
contrebande y grimpent par des escaliers pratiqués dans ce
qui reste du mur. Mais le plus remarquable de ces empiéte-
ments est celui d'un arbre qui s'est avisé de croître et de
prospérer sur le haut d'une des tours de cette enceinte. Il est
impossible de ne pas l'apercevoir lorsqu'on passe près du
créneau qui le supporte. Comme les Turcs répugnent à dé-
truire les arbres, celui-ci restera à sa place jusqu'à ce qu'il
meure ou que ses racines démolissent la tour qui l'entraî-
nera avec elle.

Le mur d'enceinte du Séraï, dont la longueur est d'environ six cents toises et la hauteur de cinquante pieds, est loin
d'être dans le même état ; il est bien entretenu, ainsi que le
quai qui le protége contre la fureur des vagues.

Cette dernière partie de notre promenade sur mer sera la
moins récréative, car la violence du courant nous oblige à
faire remorquer notre caïk. Les plus légers bateaux ne peuvent remonter jusqu'à la Pointe-du-Séraï sans le secours des
hommes placés tout exprès sur le chemin de halage. Du reste, il
nous en coûtera fort peu de chose pour nous faire traîner
l'espace de quatre à cinq cents toises ; la police turque a fixé

un tarif auquel les remorqueurs sont tenus de se conformer.
Pendant cet ennuyeux trajet, prenons garde d'être heurtés
par la grosse corde d'une barque pesante; nous serions infailliblement culbutés et jetés à la mer.

Nous passons devant *Indgir-Kiosk* (le Kiosk aux perles),
qui s'élève sur le bord, dans un endroit très apparent. C'est
là que les vizirs destitués viennent attendre que le divan ait
prononcé sur leur sort.

En arrivant à la Pointe-du-Séraï (*Sèraï-Bournou*), le
jour nous éclaire encore assez pour que nous puissions apercevoir les quelques pièces de canon placées en batterie sur ce
cap; ces pièces ne servent qu'à tirer des saluts pendant les
jours de fêtes et quand le canot de Sa Hautesse passe en vue
des canonniers.

Cette jolie porte dorée que nous voyons donne entrée dans
le palais nouvellement construit à la Pointe-du-Séraï, habitation ravissante par sa situation autant que par son élégance,
et que Sultan-Mahmoud a délaissée, comme nous l'avons dit,
pour la résidence de Dolma-Baghtchè.

Mais notre canot a enfin la liberté de ses mouvements.
Nous avons laissé derrière nous Séraï-Bournou, et nous
voguons dans les eaux tranquilles du port. Quelques minutes
nous suffisent pour terminer une excursion pendant laquelle
nous n'avons pas vu des objets dignes d'admiration, comme
ceux que nous avons rencontrés sur nos pas dans nos premières promenades, mais qui portera cependant ses fruits, parce
qu'elle nous a fait connaître une face nouvelle et curieuse de
Constantinople.

EYOUB.

———

Le faubourg d'Eyoub (*Job*), situé au fond du port et dans une belle position, sera aujourd'hui le but de notre promenade. C'est une dépendance importante de Constantinople, et nous ne saurions nous dispenser de la visiter.

Cette fois, nous nous embarquons à Méït-Iskelessi et nous remontons la Corne-d'Or. C'est une heureuse occasion de revoir les mille accidents de la rive septentrionale, ces collines chargées d'ombrages et de palais élégants, ces mosquées aux coupoles brillantes, les magasins et ateliers de la marine, et tant d'autres établissements que nous avons énumérés dans notre chapitre sur les Eaux-Douces d'Europe.

Faisons halte à l'échelle qui conduit au quartier de Balata

et pénétrons dans ce faubourg. Ce sont des Juifs qui l'habitent. Ces parias de la société se font reconnaître ici à leur teint
hâve et maladif, à leurs vêtements sales et déchirés, à leur
kalpak exigu, à la mauvaise calotte noire qui couvre leur
tête, à leur chaussure qui tient à peine aux pieds, enfin à
leur accent guttural et à l'inquiétude continuelle qui se lit
sur leur visage. Dans les rues que nous suivons nous ne
voyons que maisons étroites, humides et mal éclairées; sur
le seuil de ces demeures malsaines nous apercevons des
femmes et des enfants étiolés, aux joues creuses et aux yeux
éteints; population vouée à la douleur, et dont on déplorerait
la destinée, si l'on ne savait pas que les maux qui l'affligent
sont en grande partie le fruit de sa cupidité sans bornes, de
son avarice devenue proverbiale et de la bassesse de ses
penchants.

En temps de peste, les quartiers habités par la nation
juive sont des foyers d'infection dont le voisinage est extrêmement pernicieux au reste de la ville. Les Juifs qui se livrent
principalement au trafic des vieux habits, achètent et reven-
dent des vêtements imprégnés de miasmes pestilentiels, et
cette cause active de propagation, jointe à la malpropreté et
au détestable régime des familles israélites, donne au fléau,
dans ces quartiers malsains, une effrayante intensité[1].

Ce faubourg, et celui des Blachernes qui l'avoisine, ont à
coup sûr motivé l'opinion que certains écrivains de mauvaise

(1) Balata fut détruit par un incendie en 1812.

humeur ont formulée sur Constantinople, qu'ils ont représentée comme une ville immonde. Pour nous, nous souvenant des beaux quartiers et des sites ravissants que nous avons vus, nous ne nous arrêtons pas à la physionomie attristante des localités où nous avons mis pied à terre dans notre route vers le village d'Eyoub.

Cependant ce quartier des Blachernes, que nous traversons avec dégoût, est célèbre par son église de la Vierge, qui n'existe plus, et par l'ancien palais de la Magnaure. On peut y visiter aujourd'hui l'église des Arméniens schismatiques et celle de Saint-Basile.

Nous quittons enfin ces lieux dont l'aspect nous a douloureusement impressionnés. Nous sortons de Constantinople par *Egri-Kapou* (la porte courbée), et, traversant les nombreux hameaux qui s'élèvent sur le terrain voisin, nous nous dirigeons vers Toptchilar-Keuï, situé dans la direction de l'ouest. Ce village musulman n'offre rien de remarquable, mais son admirable situation y attire les étrangers curieux des belles perspectives. De la hauteur où il est bâti, le regard embrasse toute la largeur de l'isthme triangulaire sur lequel s'étend la capitale. Nous n'avions pas encore si bien vu Constantinople, et ce panorama complétera l'idée que nous nous en étions déjà faite.

De Toptchilar-Keuï à Eyoub la distance n'est pas grande; des sentiers pittoresques nous y conduiront en peu d'instants.

Aux rues larges et bien percées du faubourg d'Eyoub, aux

minarets dorés et aux dômes éclatants de ses mosquées., au
temple magnifique qu'il possède dans son sein , on reconnaît
aisément que ce village est l'objet de la prédilection des souverains ottomans. C'est , en effet., dans la grande mosquée
d'Eyoub que les sultans , cinq ou six jours après leur avéne-
ment, vont , suivis de tous les grands de l'Etat et du corps
des Ouléma , faire consacrer leur droit à l'héritage impérial.
Le cheïkh des Mevlèvi (derviches tourneurs) ou son délé-
gué lui ceint le sabre d'Osman avec les cérémonies usitées en
pareille circonstance. Cette solennité remonte à Mahomet II,
qui , après la prise de Constantinople , se fit aussi ceindre le
glaive vénéré du fondateur de la dynastie ottomane.

La mosquée d'Eyoub renferme, ou est censée renfermer, les
cendres de Saint-Eyoub , compagnon d'armes d'Osman. Ce
héros périt, suivant l'opinion des Turcs, à l'attaque de Byzance, lors du premier siége que les hordes ottomanes diri-
gèrent contre cette ville. Mahomet II feignit de retrouver
les restes du guerrier, mort depuis si longtemps , et ces réli-
ques ont toujours été, depuis cette mémorable époque, l'objet
du respect des fidèles croyants.

Parmi les dépendances de la mosquée est un hôpital bâti
dans le style turc, c'est-à-dire couronné de dômes sans nombre qui forment les combles de l'édifice. Le mur qui lui sert
de façade offre une belle fontaine et une corniche saillante
avec des fresques de couleurs vives. Près de l'hospice, on
voit le tombeau de Husseïn-Pacha, cet esclave géorgien qui

parvint à la dignité de grand-amiral et dont la réputation était justifiée par sa haute capacité.

Mais notre attention se détourne de ce mausolée pour se fixer sur celui de Validè-Sultan[1], mère de Sélim III. Nous admirons la magnificence de ce monument funéraire et le bon goût de son architecture. La femme illustre dont les cendres reposent dans cette enceinte jouit, pendant le règne de son fils, de prérogatives qui, en Orient, sont refusées par les mœurs et la législation au sexe féminin. La Validè-Sultan exerçait à la cour de Sélim III, et jusque dans le conseil des ministres, une influence puissante. Sa voix était écoutée comme celle de son fils, et ses volontés avaient quelquefois plus de poids que celles du souverain lui-même. Ces exemples sont très rares en Turquie ; à peine en pourrait-on citer un second, celui de la Validè-Sultan, mère de Mahomet IV, qui avait aussi une grande autorité dans le palais impérial.

Les palais des sultanes Begkhan, Khalidgè et Esma., se voient auprès du turbè de la Validè.

En parcourant le village, nous nous trouvons dans une rue bordée de boutiques où l'on vend des hochets et des jouets d'enfants. Ceci forme un singulier contraste avec les lieux

---

(1) Le mot *sultan* sert à désigner les deux sexes, attendu que la langue turque n'a point de genre ; mais elle distingue le sexe des individus en plaçant leur qualification avant ou après leur nom ; pour les hommes on la met avant, pour les femmes après le nom propre ; ainsi l'on dit *Sultan-Sélim* et *Validè-Sultan*.

environnants où l'on ne voit que cimetières, monuments funèbres et ouvriers qui taillent des pierres tumulaires.

Avant de reprendre le chemin de Meït-Iskelessi, jetons un coup d'œil sur le paysage qui se développe devant nous. En face ce sont les villages de Sudlidgè et de Khalidji-Oghli, qui avoisinent les Eaux-Douces d'Europe; à droite, c'est le port dans toute son étendue, les faubourgs de Khas-Keuï et de Kacim-Pacha; sur l'autre rive, Constantinople; derrière nous, la colline de Toptchilar-Keuï. C'est là, sans contredit, une des plus belles situations de la capitale.

Nous remontons en bateau, et, pour achever la journée, nous pouvons, au lieu de descendre directement à l'Echelle-des-Morts, prendre la route de terre par l'Ok-Meïdan, Piali-Pacha et Dèpè-Bachi, que nous n'avons fait que traverser en revenant de la vallée du Barbyzès. Nous pouvons même aller jusqu'au Grand-Champ-des-Morts, où nous attendrons, à l'ombre des mûriers et des cyprès, que l'heure soit venue de regagner notre demeure de Péra.

LES ILES DES PRINCES.

Proti. — Plati. — Oxia. — Antigone. — Khalki et le monastère de Sainte-Trinité. — Tableau singulier. — Prinkipo; couvents de Saint-Nicolas et de Saint-George. — Kyz-Koulèci.

———

Nous voyons souvent, et surtout le dimanche, des bateaux chargés de passagers cingler vers le golfe de Nicomédie; ils portent aux îles des Princes des habitants de Péra qui vont goûter dans cet archipel le plaisir de la promenade, de la chasse et de la pêche. Faisons comme eux, et allons nous dédommager, par la vue des sites pittoresques dont ces îles abondent, de nos deux dernières promenades, pendant lesquelles des objets affligeants ont attristé nos yeux.

L'archipel des îles des Princes se compose de cinq écueils : Oxia, Plati, Pita, Niandro et Antérovito ou Ile-des-Lapins ; et de quatre îles habitées : Proti, Antigone, Khalki et Buïuk-Ada ou Prinkipo. C'est cette dernière qui a donné son nom au groupe entier.

Là, liberté complète dans les actes comme dans les paroles ; c'est une espèce de république dont les aghas, établis dans chaque île, sont les chefs indulgents. Aussi la population de ces rochers sortis du sein de la mer est-elle très nombreuse eu égard à l'étendue de la terre habitable. Cette population se compose presque entièrement de Grecs qui vivent de la pêche, des produits du sol qu'ils cultivent et des profits du métier de bateliers, dans lequel ils excellent.

Plusieurs ministres européens, séduits par les avantages de ce séjour, s'étaient décidés à fixer leur résidence dans les îles des Princes ; mais la distance qui sépare cet archipel de Péra, centre des affaires diplomatiques, la difficulté et les dangers du trajet pendant les gros temps, d'autres considérations non moins puissantes, leur firent changer de résolution. Ils choisirent Thérapia et Buïuk-Déré sur le Bosphore, quoique l'air soit moins salubre dans ces villages que dans les îles des Princes.

Le gibier, qui abonde dans ces petites colonies, surtout à l'époque où les cailles sont chassées de la côte asiatique, les nombreuses variétés de poissons dont ces parages sont peuplés, offrent à l'étranger ou au Franc de Péra un agréable passe-temps. Aussi chaque jour de fête y amène-t-il une foule considérable de promeneurs. La journée se passe en divertissements de toute espèce ; le soir, les cafés sont illuminés ; on danse, on rit, on entend les sons d'une musique bruyante ; on se fait servir des confitures, des pâtisseries, du punch, des sorbets et des glaces, et l'on ne songe pas encore à se retirer à l'heure où le Musulman dort déjà d'un profond sommeil.

Les îles des Princes sont rangées de manière à former un demi-cercle, dont la partie concave regarde Constantinople; elles ne sont séparées l'une de l'autre que par des passes de deux milles environ de largeur, et du littoral de l'Asie que par un canal d'une lieue.

De loin leur aspect n'a rien de séduisant; nous ne voyons que des masses rocailleuses qui nous semblent entièrement nues, les arbustes et les pins blancs qui croissent sur leurs flancs ne pouvant s'apercevoir que de près. Mais à mesure que nous approchons, les beautés de détail deviennent visibles; nous découvrons sur les rives des villages gracieux et dans les intervalles des montagnes des bouquets d'arbres verdoyants.

L'île de Proti est la première que l'on rencontre. Nous ne nous y arrêterons pas, car nous n'y verrions rien de remarquable. Son village et l'un de ses monastères[1] s'élèvent sur des ruines dont il ne subsiste rien d'intéressant, si ce n'est deux citernes assez belles. Nous remarquons en passant que la partie de cet îlot qui regarde le sud est coupée à pic; ce sont les flots de la Propontide qui, violemment poussés par le vent, ont ainsi creusé cette masse solide qui leur faisait obstacle.

(1) Les îles des Princes sont les seules localités voisines de Constantinople où il existe des couvents grecs; pour en trouver d'autres, il faut aller au mont Athos, dans l'Archipel, ou au mont Sinaï, qui possède le monastère le plus célèbre.

Nous voyons à la hauteur de Proti les écueils de Plati et d'Oxia, l'un offrant une plage basse et unie, l'autre formé d'un rocher aigu. On pêche sur les côtes de ces îlots d'excellentes huîtres, ce qui n'est pas à dédaigner dans ce pays, car les huîtres de la mer Noire et du Bosphore sont si fades qu'elles ne sont pas mangeables.

Si nous nous arrêtions à Oxia, nous y verrions des restes d'édifices que l'on dit avoir été des châteaux-forts construits par les Génois.

Nous verrons à Antigone (anciennement *Panormus*) un joli village dans la partie orientale; au nord, un monastère et une tour placée au sommet d'un mamelon. Le laurier, le romarin, l'olivier et la vigne, qui croissent dans la portion cultivée de cette île, offrent un contraste agréable avec l'aspect sombre de ses montagnes.

Mais hâtons-nous d'aborder à Khalki, qu'une passe d'un demi-mille sépare d'Antigone. Mêlons-nous quelques instants à la foule des oisifs qui couvre le rivage, et allons nous asseoir dans un des cafés où le bruit de la conversation nous avertit que nous ne verrons pas un seul Turc.

Nous nous mettons en marche pour visiter l'île. En fait de promenades, nous avons à choisir entre les monastères de Sainte-Marie, de Saint-Nicolas et de Sainte-Trinité (*Agia-Triada*). C'est sur ce dernier que s'arrête notre choix, car on nous a dit que sa situation était la plus pittoresque.

Nous suivons une pente rapide, mais que la disposition du chemin nous fait gravir sans fatigue. Nous arrivons bientôt

au couvent, situé presque au milieu de l'île, et assis, comme
une citadelle, au sommet d'une montagne couverte d'oliviers,
de grenadiers et de pampres verts. Montons sur la terrasse
qui s'étend devant la principale porte du monastère. Quel
admirable panorama apparaît à nos yeux! En face, les îles
de Proti et d'Antigone; plus loin, quelques écueils qui semblent flotter sur la surface des eaux, et plus loin encore,
Constantinople qui, à cette distance, paraît bâtie en marbre
blanc et dont on n'aperçoit que le Séraï avec son mur d'enceinte; à gauche, la mer de Marmara, dont les flots azurés
sont sillonnés par une multitude de barques de toute grandeur; à droite, les collines fertiles de la rive asiatique; au-
dessus de nos têtes un ciel d'une admirable pureté, et dont
l'éclat resplendissant se reflète dans le vaste miroir qui nous
entoure.

En visitant l'église du couvent, nous restons frappés de
surprise à la vue d'un tableau singulièrement étrange, sinon
par le sujet, du moins par les détails. C'est une représenta-
tion grossière du jugement dernier; le peintre a peuplé l'en-
fer de Musulmans qu'on reconnaît à leurs turbans, d'évêques
et d'archevêques grecs couverts des ornements pontificaux,
tandis qu'il n'a placé dans le paradis que des caloyers, ou
moines grecs de l'ordre de Saint-Basile, des papas ou prêtres,
et quelques Grecs simplement vêtus. Et cette insulte à la
religion dominante s'étale aux yeux de tous les visiteurs sous
le portique de l'église! Voilà une preuve bien manifeste de la
liberté dont on jouit dans les îles de cet Archipel! Certes, il

y a peu d'États européens où une pareille offense adressée aux croyances de la majorité fût ainsi tolérée.

Nous nous embarquons de nouveau pour aller à Prinkipo. Ainsi nommée parce que, sous les Grecs, les princesses du sang impérial venaient quelquefois y mener une vie de contemplation et de prière, cette île est trois ou quatre fois plus grande que Khalki et compte environ trois mille habitants, presque tous Grecs de nation. Elle est partagée à son centre, dans le sens de sa largeur, par un col profond, aux deux côtés duquel s'élèvent des mamelons formant des chaînes continues.

Dans le grand village où nous abordons, nous trouvons la même affluence de promeneurs que dans l'île voisine; c'est que Prinkipo et Khalki sont les deux îles privilégiées, et la première est particulièrement fréquentée par les Francs, dont quelques-uns s'y sont établis avec leurs familles, pour vivre loin du bruit de la ville.

Il existe à Prinkipo trois monastères, tous dans des situations pittoresques. La perspective qu'on nous promet du sommet des montagnes où ils sont assis nous engage à les visiter. Nous nous dirigeons sur celui de Saint-Nicolas, en suivant le sentier tracé sur la côte orientale. A une certaine distance du village, nous rencontrons des débris antiques dont l'origine et l'histoire sont inconnues. Le couvent n'est plus qu'à quelques centaines de pas. Nous y arrivons en traversant de vertes plantations dont les religieux ont couvert ces hauteurs.

De Saint-Nicolas nous nous rendons à Saint-George. Ici nous sommes sur le point culminant de la partie sud ; aussi nos regards peuvent-ils embrasser une étendue considérable et nous rendre les impressions que nous avons éprouvées à Khalki. En les reportant sur les environs de l'île, nous découvrons Niandro, disposée à l'égard de Prinkipo comme la Sicile par rapport à l'Italie. Nous visitons le monastère, dont les habitants nous font un accueil empressé, et nous nous éloignons enfin de cette paisible demeure, en rêvant au bonheur de vivre dans une semblable retraite après une existence agitée.

Pour le retour, nous avons à choisir entre le chemin du troisième couvent situé à l'entrée d'une vallée qui débouche sur le village, et le sentier de la côte occidentale qui passe sur les mines de cuivre de Prinkipo [1]. Nous nous décidons pour le premier. Après quelques minutes de marche, nous nous trouvons dans un ravin étroit, dont les flancs sont garnis de sapins et de térébynthes. Un puits ombragé par de beaux platanes offre son eau limpide au promeneur altéré. Plus loin, nous en rencontrons un second auprès duquel est réunie une société nombreuse composée d'habitants de Péra.

---

(1) Prinkipo et Khalki abondent en cuivre, mais ces mines ne sont pas exploitées. Le fer s'y montre aussi en plusieurs endroits. Les pierres ponces et les scories qu'on trouve dans certaines parties de ces îles prouveraient qu'elles ont été autrefois bouleversées par des éruptions volcaniques.

Des hauteurs de Prinkipo, nous avons vu en détail la rive d'Asie, dont nous n'étions séparés que par une faible distance. Nous avons aperçu, dans le lointain, ce *tumulus* qu'on croit recéler les cendres d'Annibal, ou du moins que l'on dit consacré à sa mémoire. Nous avons considéré avec intérêt le spectacle qu'offre le golfe profond de Nicomédie, sillonné par les navires qui vont à Constantinople et en reviennent. Le souvenir de ces images grandioses nous suit jusqu'à notre arrivée au village, où nous rentrons pleinement satisfaits de notre journée.

Il est tard, nous ne voulons pas nous embarquer de nuit pour retourner à Top-Khana. Nous nous décidons en conséquence à coucher à Prinkipo. On nous indique une hôtellerie où nous trouvons un gîte confortable.

Le lendemain nous montons en bateau avant que le soleil d'Orient ait fait sentir l'ardeur de ses rayons. Nous nous faisons transporter à Fener-Baghtchè, où nous attendons, à l'ombre des platanes, que le plus fort de la chaleur soit passé, et où nous examinons de nouveau les débris qui jonchent le sol de ce promontoire.

Enfin, nous reprenons la direction de la capitale. Le cap de Chalcédoine, le point du littoral où se trouve Kadi-Keuï, Saghartchilar-Bournou, fuient tour à tour derrière nous. En arrivant près de Kyz - Koulèci, nous nous souvenons que nous n'avons pas encore visité cette tour qui porte un nom si célèbre. Nous y abordons et nous nous étonnons que cette construction, qui de loin produit un effet gracieux, ne soit qu'un petit édifice carré bâti sur une plate-forme isolée à l'entrée du Bosphore. Les pièces de canon qu'on y a placées sont tout aussi innocentes que celles qui sont en batterie à la Pointe-du-Séraï, c'est-à-dire qu'elles ne servent qu'à tirer des saluts d'honneur.

Il ne nous reste plus maintenant à voir que le côté de Constantinople qui regarde la terre ferme, et le château des Sept-Tours devant lequel nous n'avons fait que passer.

Tel sera le but de notre prochaine promenade.

CONSTANTINOPLE.

———

Nous allons d'une traite de Top-Khana à Narli-Kapou, où
nous quittons notre caïk. Près de cette échelle, nous nous
trouvons devant Yèdi-Koulè-Hissari (le château des Sept-
Tours).

Cette forteresse a la forme d'un pentagone ; elle est flanquée de sept tours, dont cinq circulaires et deux carrées. C'est
cette particularité qui lui a fait donner par les Turcs le nom
qu'elle porte. On voit aussi quelques tourelles le long des
courtines ; une d'elles est prise sur l'enceinte même ; c'est là
que se trouve la Porte-Dorée, que nous verrons tout à l'heure.
Autour du château règne un terre-plein large de six pieds
et abrité par un masque en maçonnerie percé de créneaux.

L'origine première de cet édifice remonte au temps de l'empire d'Orient. Les souverains de Constantinople le laissaient tomber en ruines ou en relevaient les murailles suivant qu'ils croyaient leur capitale et leur trône en danger, ou qu'ils comptaient sur une paix durable; de telle sorte que l'état de la forteresse pouvait, en quelque façon, servir de thermomètre politique. Restauré par Mahomet II, le château des Sept-Tours prit cet aspect menaçant que justifie sa destination.

Ce serait une lamentable histoire que celle de cet édifice, car plus d'un drame sanglant s'est joué sous ses voûtes lugubres, plus d'une victime infortunée a traîné dans ses murs une existence douloureuse. C'est là, en effet, que sont emprisonnés les criminels d'Etat, et qu'on enfermait autrefois les ministres européens devenus ennemis de la Porte par le fait d'une déclaration de guerre. Tout le monde se rappelle à Constantinople que M. Ruffin, chargé d'affaires du gouvernement français, homme d'une haute capacité et qui jouissait de l'estime générale, fut, sur la demande des autres ministres, jeté dans les cachots des Sept-Tours, le 2 septembre 1798. La guerre d'Egypte avait été le motif de cet acte brutal. Un grand nombre de Français résidant à Péra furent enfermés dans le bagne et dans les châteaux de la mer Noire. La position de M. Ruffin était des plus critiques; mais cet honorable diplomate sut, par son énergie et sa constante fermeté, commander à ses ennemis même le respect de sa personne et de son titre. Sa captivité dura trois années, pendant lesquelles il ne fit entendre aucun murmure, aucune parole de découragement. Mais, après sa détention, le gouvernement ottoman, rempli d'admiration pour sa noble conduite, demanda lui-même qu'il fût réintégré dans ses fonctions de chargé d'affaires.

Nous pénétrons dans le château pour en visiter l'intérieur. Nous voyons d'abord un amas confus de bâtiments, dont quelques-uns tombent en ruines ; des jardins, des arbres qui croissent parmi les décombres. Entre la première et la seconde enceinte, nous trouvons le tombeau d'Ahmed-Kœprili[1], qui, après avoir arraché Candie aux Vénitiens, fut, pour prix de ses services et de ses exploits, emprisonné aux Sept-Tours, puis étranglé.

Des débris informes, une construction sans goût, nous rappellent la Porte-Dorée, monument célèbre, destiné par Théodose à perpétuer le souvenir de sa victoire sur Maxime[2]. Cet arc triomphal, dont l'éloge se trouve dans toutes les histoires du Bas-Empire, était orné des statues des souverains d'Orient. Il se composait de trois entrées, dont la principale était à plein cintre avec des montants formés de pilastres de style corinthien ; cette ouverture avait neuf toises de haut

(1) *Kœprili* est le nom d'un village de l'Anatolie, devenu celui d'une famille de grands-vizirs. Les Kœprili ont fourni à l'empire ottoman cinq premiers ministres, tous hommes distingués.

(2) L'édifice qu'on indique ordinairement aux voyageurs n'est point la véritable Porte-Dorée ; il est facile, du reste, en considérant la physionomie mesquine de cette ruine, de découvrir la supercherie.

sur six de large. Les deux entrées latérales étaient aussi d'ordre corinthien et avaient quinze pieds de largeur sur trente
d'élévation. Aujourd'hui tout ce bel ensemble est méconnais-
sable; les ouvertures latérales sont murées, les montants
changés de place, la porte centrale réduite aux proportions
des deux autres; et quant aux bas-reliefs qui, suivant un
historien, représentaient les douze travaux d'Hercule, ils
n'existent plus depuis bien longtemps.

Quittons cette sombre bastille dont la vue inspire de tristes pensées, et allons visiter l'enceinte de la capitale du côté
de la terre.

Nous avons dit dans un autre chapitre que Constantinople
était protégée par trois murailles parallèles, crénelées et flanquées de tours, que précède un fossé de douze à quinze pieds de
profondeur sur vingt-cinq de large. Le voyageur sera sans
doute surpris de voir ces tours et ces murs dans un état de dé-
labrement déplorable, et le fossé dégradé dans presque toute
sa longueur. C'est là un des résultats de l'imprévoyance des
Turcs, qui devraient songer cependant à mettre leur capitale
à l'abri de tout danger.

Nous marchons au milieu de jardins et de cimetières. En
nous dirigeant un peu sur la gauche, nous nous trouvons à
Baloukli, où il existe des sources dont l'eau pénètre dans
Constantinople, en passant par Yèni-Kapou, et se rend au
château des Sept-Tours en suivant une autre direction.

Sur l'emplacement de la petite chapelle qu'on nous indique

s'élevait autrefois une basilique fondée par Justinien et dédiée à la sainte Vierge. Dans les environs on admirait un palais somptueux qui, plusieurs fois incendié par les ennemis de l'Empire, avait toujours été reconstruit jusqu'à la mort du dernier des Constantins.

Dans le cimetière arménien qui s'étend auprès de Baloukli, on nous fait remarquer un tombeau que les catholiques de Constantinople vénèrent comme celui d'un martyr et d'un saint. Là reposent les cendres de Comidas, prêtre arménien, mort victime de sa foi religieuse. Converti aux dogmes de l'Eglise romaine, il devint pour sa secte, qui professait le schisme d'Eutychès, un objet de haine et de mépris. L'exaspération contre lui devint telle que le gouvernement crut devoir intervenir. Le Grand-Vizir fit comparaître le prêtre apostat devant son tribunal ; il l'exhorta à abandonner ses croyances nouvelles pour revenir à son ancien culte ; de la prière il passa à la menace et lui montra les bourreaux prêts à faire tomber sa tête. Mais rien ne put ébranler le courage de Comidas ; il déclara solennellement qu'il resterait fidèle à la religion romaine, et paya aussitôt de la vie son héroïque persévérance.

La plaine de Daoud-Pacha s'étend devant nous ; c'est là que s'assemble l'armée ottomane lorsque la guerre doit se faire en Europe ; c'est aussi là que Mahomet II réunit ses troupes pour commencer le siége de Constantinople. Dans ce vaste terrain, légèrement onduleux, il n'y a pas un arbre sous lequel on puisse se mettre à l'abri des rayons dévorants du soleil ;

aussi nous hâtons-nous de regagner le mur d'enceinte, le long
duquel règnent des cimetières ombragés de cyprès.

Nous passons devant Yèni-Kapou, sur laquelle était gra-
vée l'inscription suivante :

« *Par l'ordre de Théodose, Constantin a relevé ces murs
en moins de deux mois. A peine, dans un si court espace
de temps, Minerve elle-même pourrait-elle bâtir des rem-
parts aussi solides.* »

Nous arrivons à la Porte-du-Canon (*Top-Kapou*) [1], auprès de laquelle nous voyons deux mosquées et un couvent
de Derviches Mèvlèvi. On se souvient que c'est devant cette
porte que Mahomet II fit mettre en batterie le monstrueux
canon fondu par un artilleur hongrois; c'est aussi par là que
les Turcs firent irruption dans Constantinople.

Nous pénétrons dans la ville pour visiter les quartiers
voisins de l'enceinte extérieure. Nous entrons, à notre grande
surprise, dans un vallon riant coupé de jardins, de champs
cultivés et de prairies. Nous nous croirions à la campagne si
nous n'apercevions pas devant nous le mur de clôture que nous
venons de franchir. Nous sommes à *Yèni-Baghtchè* (jardins
nouveaux). Cette localité complète la série de contrastes
que nous avons déjà observés dans cette singulière capitale;
il y a loin, en effet, de ce quartier tout champêtre à celui de
Balata, où des maisons hideuses se pressent les unes contre

____

(1) Autrefois *porte de Saint-Romain*.

les autres, et à celui de Sainte-Sophie, où abondent les édifices somptueux.

Nous continuons notre marche en longeant à l'intérieur le
mur d'enceinte ; peu à peu nous rentrons dans les quartiers
habités, et nous atteignons la porte d'Andrinople (*Edrènè-
Kapoussi*). Ici nos regards se portent sur une belle mosquée
et sur une ancienne église jadis dédiée aux saints Apôtres.

Nous pouvons, si la chaleur ralentit nos pas, franchir la
porte d'Andrinople et aller nous reposer dans les vastes cimetières situés tout auprès. Nous n'irons pas plus loin, car
au-delà il n'y a que Egri-Kapou, dont nous avons déjà parcouru les environs en allant visiter le faubourg d'Eyoub.
Pendant notre halte sous les cyprès du Champ-des-Morts,
nous voyons passer des convois funèbres, et ces tristes cérémonies nous fournissent l'occasion d'apprécier la sensibilité
du peuple turc ; les gémissements qui du sein du cortége
arrivent jusqu'à nous, l'attitude même de ceux qui suivent
le cercueil, prouvent qu'il y a dans l'âme des Musulmans des
cordes qui, malgré la pernicieuse influence du dogme de la
fatalité, peuvent encore vibrer sous la puissance d'un sentiment profond et sincère.

Pour gagner le port, nous ne traverserons pas le quartier
du Fanar ; nous descendrons la longue rue qui conduit à la
mosquée de Mahomet, et, tournant brusquement à gauche,
à la hauteur de Kara-Gumruk-Djamissi, nous prendrons
pour but Oun-Kapani-Kapoussi. Chemin faisant, nous verrons
quelques mosquées que nous n'avions pas encore aperçues.

Nous arrivons enfin à l'échelle de la Porte-aux-Farines, après avoir fait presque en entier le tour de Constantinople, et cela dans un court espace de temps, grâce à notre voyage par eau le long du littoral de la Propontide.

Nous rentrons à Péra en passant par le Petit-Champ-des-Morts.

RÉCAPITULATION

ET PROMENADES NOUVELLES.

Lieux qu'il faut visiter plusieurs fois. — Quelques autres promenades : la
vallée de Pirgos ; la fontaine de Karakoula. — Les derviches tourneurs. —
Départ de la caravane des pèlcrins. — Quelques explications sur le but et
la nature de cet ouvrage.

Depuis que le voyageur est à Constantinople, la multitude
des sites qu'il a contemplés a ébloui son imagination sans y
laisser des images bien arrêtées. La succession rapide de ses
impressions a jeté dans son esprit un pêle-mêle de souvenirs
qui l'empêche de se retracer isolément les objets qu'il a vus.
C'est un tableau magique qui a passé devant lui, et dont
l'ensemble seul est resté gravé dans sa mémoire. La masse
imposante de la grande capitale, la Propontide, le Bosphore,
le magnifique panorama du port, quelques édifices somptueux,
voilà ce qu'il se rappellera facilement, longtemps même
après avoir dit adieu à l'Orient ; mais les détails de ce paysage
multiple lui ont déjà échappé. S'il n'a pas appelé la plume

ou le crayon à son aide, il faudra qu'il visite plusieurs fois les localités les plus intéressantes de Constantinople et de ses environs.

Le Grand-Champ-des-Morts doit le revoir sous l'ombrage de ses mûriers et de ses cyprès. Cette admirable promenade des Francs doit être parcourue dans tous les sens; celui-là aurait incomplétement joui de Constantinople qui n'aurait point passé de douces heures devant les perspectives si variées du grand cimetière de Péra, en fumant tranquillement sa pipe et en savourant l'arome du café.

La vallée de Dolma-Baghtché mérite aussi d'arrêter plus d'une fois les pas de l'étranger. Elle est d'ailleurs si voisine du Grand-Champ-des-Morts qu'une fois parvenu à l'extrémité du faubourg on peut s'y rendre en très peu d'instants. Le palais construit pour Sultan-Mahmoud à l'entrée de cette vallée donne un nouvel attrait à ce lieu qui a hérité, par la volonté du souverain, des priviléges du Séraï.

Les Eaux-Douces d'Europe, les hauteurs d'Eyoub, les plus beaux quartiers de la ville musulmane et les environs de Scutari, ne peuvent également être bien connus que lorsqu'on en a fait le but de promenades répétées, et de chacune de ces excursions le voyageur rapportera des sensations nouvelles et inattendues.

Est-il besoin de dire que ce n'est pas assez, non plus, d'une excursion aux îles des Princes? C'est à peine si, pendant sa première tournée dans cet archipel, le voyageur a pu voir Prinkipo et Khalki.

Que de lieux intéressants à revoir aussi sur les rives du Bosphore! Croit-on qu'un voyage d'un jour ou deux dans ce détroit suffise pour en connaître les points les plus curieux?

C'est surtout la campagne de Thérapia, Belgrade et sa forêt, Baghtchè-Keuï et ses environs, arrosés par mille canaux, qu'il faut parcourir encore après y avoir fait une première halte. On s'enfonce dans la délicieuse vallée de Buyuk-Dèrè ; arrivé à l'aqueduc de Baghtchè-Keuï, on prend la route qui suit la gauche du vallon et l'on parvient à Belgrade en marchant dans la partie la plus touffue et la plus sauvage de la forêt. Autour de vous solitude profonde, silence absolu, interrompu seulement par le pas rapide des animaux qui fuient à votre approche et par le murmure des ruisseaux qui alimentent les réservoirs environnants. Une végétation puissante déploie ses richesses sous vos yeux émerveillés. D'immenses troncs d'arbres brisés par les éclats de la foudre ou morts de vieillesse gisent çà et là sur le sol, couverts d'une mousse épaisse, et donnent à ce désert ombragé de rameaux séculaires la physionomie d'une forêt vierge du Nouveau-Monde; forêt vierge en effet, car, comme nous l'avons déjà dit ailleurs[1], la main du temps et le feu du ciel ont eu seuls jusqu'à ce jour le privilége d'y porter la dévastation. Vous suivez les rives d'un torrent qui court dans un lit rocailleux ; un moment, vous vous croyez égaré au milieu de

____

(1) Voir chapitre *Bosphore*, page 89.

ces bois immenses ; mais enfin vous atteignez la route qui conduit à Pirgos, et vous arrivez bientôt à ce village.

La vallée de Pirgos est une des plus riantes des environs de Constantinople ; elle est entrecoupée de champs couverts de moissons dorées, de belles prairies, de plantations d'arbres fruitiers, de vignes chargées de fruits pendant l'automne, de jardins où la nature vient généreusement en aide à une culture intelligente. Sur un des penchants de la vallée on voit le village de Pirgos dont l'aspect original anime le tableau ; sur le côté opposé ce sont encore des bois, vastes dépendances de la forêt de Belgrade. A quelque distance, coule le Barbyzès [1], à l'ombre des aulnes et des saules. Deux aqueducs, de construction grandiose, complètent le paysage.

Au lieu de reprendre la route qui mène à la forêt, on remonte une des vallées latérales, parmi lesquelles celle de Dgèbedgè-Keuï se fait remarquer par sa fertilité. On passe auprès d'un bel aqueduc qui traverse cette dernière vallée, et l'on aperçoit, un mille plus loin, un village grec dans une situation pittoresque. On quitte à regret ces sites champêtres pour regagner le Bosphore, si mieux on n'aime toutefois revenir par les Eaux-Douces d'Europe, en suivant le Barbyzès.

Il est un point de la rive asiatique du détroit que l'étranger

(1) Une des deux petites rivières qu'on désigne sous le nom d'*Eaux-Douces d'Europe.*

ne connaît pas encore, n'ayant pas pénétré dans l'intérieur des terres : c'est la vallée de Zèkè-Dèrè, où se trouve la fontaine de Karakoula. Pour y aller, il faut aborder à l'entrée de la vallée du Grand-Seigneur, que l'on remonte en suivant un chemin bordé d'arbustes verdoyants et de plantes aromatiques. Après quelques instants de marche, on rencontre deux cours d'eau, dont l'un arrive de Tokat, et dont l'autre est alimenté par les eaux de Karakoula. On laisse de côté les collines de Tokat, charmants rideaux de verdure où le chêne élève sa tête majestueuse auprès du châtaignier et du frêne au feuillage découpé. On s'engage dans une vallée qui, quoique spacieuse à son origine, n'offre pas d'issue apparente à l'autre extrémité ; on tourne ensuite au nord et l'on s'avance entre des coteaux chargés d'arbres touffus. Tantôt l'espace compris entre ces hauteurs se rétrécit de manière à former un étroit défilé ; tantôt il s'élargit pour se refermer aussitôt. Bientôt vous faites halte auprès d'une fontaine à l'eau limpide. Le village qu'on rencontre une lieue plus loin est celui d'Ak-Baba, situé dans un ravin dont les hauteurs sont couronnées de bouquets d'arbres fruitiers. Puis la gorge, qui s'était élargie au point où est bâti le village, se resserre de nouveau, et la pente devenue plus roide vous avertit que vous touchez à la naissance de la vallée.

Vous êtes enfin à Zèkè-Dèrè, bourgade peuplée de Musulmans et qu'entoure une gracieuse ceinture de jardins. La fontaine de Karakoula est à quelque distance de là. Le chemin qui y conduit est sinueux et merveilleusement accidenté. Le modeste monument de la fontaine se compose de deux plates-formes séparées par un bassin de marbre blanc et surmontées d'un toit plat, que soutiennent par-devant quatre colonnes de bois, et qui s'appuie en arrière sur un mur adossé à la montagne. Cette humble construction, des groupes de platanes qui prêtent l'abri de leur feuillage aux habitants de ce lieu agreste, les flancs escarpés de deux montagnes qui encadrent en quelque sorte le tableau, une eau pure qui emplit incessamment la cuve de marbre et s'en échappe pour aller rejoindre le cours principal, voilà tout ce qu'on voit à Karakoula. Mais quel charme invincible vous enchaîne auprès de cette onde dont le bruit charme votre oreille ! Comme tout ici dispose à la rêverie ! comme les yeux se reposent avec bonheur sur cette scène tranquille ! On sent que l'on foule le sol où les Ottomans menaient autrefois une vie patriarcale ; les objets qui vous entourent vous disent par leur simplicité poétique que les arts européens n'ont pas poussé jusqu'ici leurs envahissements, et que la nature, sur cette rive du Bosphore, a conservé, comme la population, son caractère primitif.

Les eaux de Karakoula jouissent d'une grande réputation à Constantinople, et possèdent, à en croire les Turcs, des propriétés merveilleuses. L'action dissolvante qu'on leur attribue et l'écume abondante qu'elles produisent font supposer qu'elles sont savonneuses et contiennent une certaine quantité d'acide carbonique. Toujours est-il qu'on fait honneur à leurs vertus curatives de plus d'une guérison inespérée.

La vallée de Beïkos, qu'on parcourt en quittant Karakoula, offre encore une série de paysages ravissants. Partout la vue se repose sur d'imposantes masses de verdure aux nuances variées. Parvenu à Beïkos, on se retrouve sur le littoral du Bosphore. Là on peut s'asseoir auprès d'une fontaine à colonnade qui fournit aux habitants une eau salutaire et abondante. On s'embarque ensuite, soit pour visiter quelque autre point de la rive d'Asie, si le soleil ne touche pas encore au terme de sa course, soit pour aller coucher à Thérapia que l'on a devant soi, soit enfin pour retourner à Péra.

On voit, d'après ce qui précède, que ces explorations ne sont pas moins intéressantes que celles dont nous avons déjà tracé l'itinéraire. Il existe encore sur l'une et l'autre rive du détroit des localités curieuses à visiter ; mais il faut en laisser le choix au voyageur. Aussi bien il est maintenant sur la voie, et peut suivre ses propres inspirations. S'il veut franchir le rayon dans lequel nous avons circonscrit ses excursions, il aura occasion d'admirer une nature plus sauvage que celle qu'il a contemplée dans le voisinage de Stamboul ; mais qu'il n'oublie pas qu'on ne doit s'aventurer à quelque distance de la ville qu'en prenant les plus grandes précautions. Nous ne saurions, du reste, le suivre dans ces tournées lointaines, dont il réglera suivant son caprice l'ordre et la durée.

Avons-nous tout dit sur Constantinople ? Les chapitres qui

précèdent contiennent-ils, sans aucune omission, tout ce qui peut faire connaître cette ville antique dans son passé et dans sa situation présente? Non, sans doute. Comme nous l'avons dit dans l'introduction, l'étranger devra s'aider de sa propre expérience et suppléer par ses observations personnelles à ce qui manque dans cette courte notice. Il est toutefois encore deux ou trois points assez importants sur lesquels il est nécessaire de le fixer et qui exigent quelques développements.

Parmi les curiosités qu'on ne saurait se dispenser de voir à Constantinople, il faut mettre au premier rang les exercices religieux des derviches tourneurs ou *Mevlèvi*. Ces moines, dont l'influence et le crédit sont très grands en Orient, admettent le public à leurs cérémonies le vendredi de chaque semaine. Leur principal établissement est situé dans le faubourg qu'habitent les Européens, dans le voisinage de la légation suédoise. Rien de plus singulier que leur manière d'adorer la Divinité et de lui rendre hommage. Les curieux prennent place dans une galerie établie tout exprès autour de l'espèce de manége consacré aux manœuvres des derviches. On voit d'abord entrer le supérieur escorté de deux frères qui viennent s'asseoir sur des tapis, le visage tourné vers la Mecque et Médine, les deux villes saintes. Puis vient la foule des religieux du couvent qui s'avancent l'un après l'autre dans le plus profond silence. La pieuse phalange fait le tour de la salle, et chaque moine salue, en passant, le supérieur qui reste impassible. Cela fait, on les voit tout à coup s'agiter en tournant sur eux-mêmes ; peu à peu ce mouvement de rotation devient plus rapide, et les derviches se répandent dans toute la salle. Leurs bras sont étendus en croix, leur tête est penchée sur une épaule, leurs yeux sont fermés, leur figure exprime le délire et l'extase. Leur robe, adroitement dégagée de la ceinture au moment où ils commencent leurs évolutions, se gonfle d'air et s'étend circulairement à plusieurs pieds de distance de celui qui la porte. Cette espèce de ballon les soutient et les aide puissamment à conserver leur équilibre. Pendant tout ce temps on entend les sons discordants d'une musique composée d'aigres hautbois et de timbales bruyantes. Cet orchestre, qui est parfaitement en rapport avec le caractère de la cérémonie, guide les mouvements des tourneurs, les ralentit ou les accélère suivant les règles prescrites, et ne cesse de se faire entendre que lorsque la communauté quitte la salle. Il vient un moment où la musique, précipitant sa mesure, imprime à tous ces corps tournoyants une agitation extraordinaire et porte leur extase au plus haut paroxysme ; singulier spectacle qui donne quelquefois des vertiges à celui qui le considère et dont la bizarrerie laisse l'étranger muet d'étonnement !

Ces exercices durent trois quarts d'heure, et pendant cet intervalle de temps les intrépides moines ne se reposent que deux fois.

On prétend que les Mevlèvi sont les instruments secrets de la police politique. Leurs richesses et l'influence qu'ils exer-

cent sur toutes les classes de la société musulmane leur donnent les moyens de découvrir ce qui échappe aux agents officiels du gouvernement, tous fort négligents et d'ailleurs mal
dressés à l'espionnage. Le sultan assiste quelquefois à leurs
cérémonies, et c'est, dit-on, pendant leurs danses extrava-
gantes qu'il apprend ce qui se passe d'important dans sa capitale de la bouche de quelques frères affidés qui s'approchent
en tournant du siége où est assis le Grand-Seigneur, pour lui
faire comprendre par quelques signes convenus ou par quelques mots entendus de lui seul ce qu'ils ont à lui dire.

Les trois actes de cette prière en action terminés, les frères
font de nouveau le tour de la salle en s'inclinant encore devant leur supérieur qui se léve et se retire suivi de la pieuse
cohorte.

Telle est en quelques mots la scène curieuse à laquelle assistera le voyageur quand il se fera conduire un vendredi au
couvent des Mevlévi. Cet ordre monastique et celui des *Derviches hurleurs*, dont tout le monde a entendu parler, sont
les deux plus étranges institutions de l'islamisme.

Un autre spectacle que l'étranger ne doit pas négliger de
voir, c'est la réunion et le départ de la caravane qui va en
pèlerinage à la Mecque. Ce pèlerinage est, comme on sait, or-
donné par le Coran, et quoique l'article où il en est question
en exempte les Musulmans moyennant un léger tribut, néanmoins les Turcs n'éludent en général cette prescription du
code religieux que lorsqu'ils y sont forcés par quelques motifs

sérieux, tels qu'un obstacle provenant d'une infirmité corpo-
relle ou d'une longue maladie[1].

Les pèlerins se réunissent à Scutari sous la conduite de leur
chef, le Surrè-Emini; au jour indiqué pour le départ, le
voyageur se rendra dans ce faubourg, qui prend, dans cette
circonstance solennelle, une physionomie inusitée. C'est chose
curieuse et intéressante de voir cette multitude d'individus
se préparant à affronter les fatigues et les dangers d'un long
voyage à travers des contrées brûlées par le soleil. Munis de
quelques provisions et d'un petit nombre d'ustensiles, parmi
lesquels figure toujours l'indispensable cafetière, ils se mettent en route, les uns à cheval, les autres à pied. On remarque dans le cortége le chameau sacré, porteur des présents
que le sultan envoie tous les ans au temple de la Mecque.
D'autres chameaux, parmi ceux qui portent le bagage, sont
chargés de paniers de cuirs remplis de médicaments, et restent, pendant le voyage, sous la surveillance spéciale d'un
médecin musulman. Les bénédictions et les vœux des spectateurs accompagnent les pèlerins. Combien en est-il, de ces

(1) Les Arabes attribuent l'institution du pèlerinage à Abraham, et
ils en font remonter l'origine à l'époque de la fondation de la Kaaba
ou *maison de Dieu*. La Kaaba fut élevée par Abraham au lieu même
où les anges dressèrent une tente à Adam et à Ève après leur réunion
sur le mont Ararath (on sait qu'ils restèrent séparés pendant un siècle
après leur expulsion du Paradis terrestre). C'est la Kaaba que les
Musulmans ont pour but de visiter en se rendant à la Mecque. Ils ac-
complissent dans l'intérieur de ce temple révéré plusieurs cérémonies
dont il serait trop long de faire ici le récit.

hommes pieusement intrépides, qui n'atteindront pas le but !
car lorsqu'ils traverseront les déserts qui séparent l'Asie-Mineure de la ville sainte, les vivres et l'eau leur manqueront à
la fois ; un soleil ardent desséchera leurs poitrines et brûlera
leur sang ; les maladies les assiégeront, et les remèdes qui
composent leur cargaison pharmaceutique ne sont certainement pas de nature à leur rendre la santé ; d'autres ennemis
non moins redoutables, les hordes errantes des Bédouins, les
décimeront impitoyablement ; une traînée de cadavres mar-
quera la route parcourue par la caravane qui arrivera à la
ville du Prophète épuisée, mourante et singulièrement di-
minuée. Mais que sont ces périls auprès de la gloire conquise
par ce voyage ? Ceux-là même qui trouvent la mort en chemin ne sont-ils pas assurés de la félicité éternelle ? Heureux
ces élus de Dieu ! ceux qui leur survivent envient leur sort.
Au retour, mêmes dangers, mêmes ennemis à redouter ; mais
le ciel réserve des palmes éternelles à ceux qui ont ainsi ris-
qué leur vie pour venir adresser leur prière à Dieu dans son
temple privilégié, et le titre de *Hadgi*[1], qui attend les pèlerins
dans leur patrie, sera un dédommagement suffisant à tant
de souffrances héroïquement supportées[2]. ,

(1) *Hadgi* signifie *saint*. Ce titre se donne aux Musulmans qui ont
accompli le voyage de la Mecque.

(2) Outre la Mecque, les Musulmans les plus dévots visitent Jéru-
salem en mémoire de Jésus-Christ, Médine qui possède le tombeau du
Prophète, et la ville d'Ali le schismatique, où se rendent de préférence les partisans de la secte chiite. Ils vont aussi quelquefois, pour

On se ferait du reste illusion en pensant que la foi religieuse qui pousse ces fidèles sectateurs des dogmes de l'islamisme à de si énergiques résolutions existe à un égal degré
chez les Musulmans de toutes les classes. En général l'ambi-
tion, l'amour des richesses, la passion de l'intrigue, ont
remplacé chez les hauts fonctionnaires cette ferveur de dévotion qui autrefois était commune à toute la nation turque.
Les sages réformes ordonnées par le sultan actuel, tout en
produisant de salutaires effets, ont inspiré à la partie la moins
ignorante de la population turque des doutes sérieux sur l'é-
ternelle excellence des préceptes du Coran ; de là refroidissement du zèle religieux dans les classes supérieures, à la cour
et dans l'état-major de l'armée. Les pratiques du culte mahométan sont bien encore exactement suivies, même par les
plus indifférents ; mais il y a loin de là à la sincérité qu'ap-
portaient les Musulmans d'autrefois dans les manifestations
de leurs croyances. C'est dans la classe moyenne et dans la
classe inférieure que l'on retrouve encore les traditions du
fanatisme mahométan. La corporation des Ouléma est le
drapeau autour duquel se rallient aujourd'hui les Turcs restés
fidèles aux prescriptions du livre saint ; cette nombreuse asso-
ciation, héritière des prétentions des Janissaires et dépositaire

compléter leurs actes de piété, prier sur la sépulture d'Abraham, qu'on
place à Hébron.

Pour les pratiques observées pendant le pèlerinage, on peut voir le
tome III du *Tableau de l'empire Ottoman*, par Mouradjéa d'Ohsson.

de la haute science théologique, est la force vivante qui s'oppose à l'exécution complète des projets du sultan, et qui entretient dans les masses populaires le feu sacré de la religion primitive.

Mais il n'entre pas dans le plan de cet ouvrage de tracer le tableau de la situation morale de l'empire ottoman. Sur le chapitre des sentiments, des mœurs, et même pour ce qui concerne les usages, ce miroir des idées d'un peuple, nous renvoyons le voyageur à ses propres observations. S'il n'est pas arrivé à Constantinople avec une connaissance parfaite du naturel de ses habitants, s'il n'a lu aucun des innombrables ouvrages qui traitent de cette matière, qu'il étudie pendant quelque temps les traits caractéristiques des différentes nations qui peuplent cette immense capitale, qu'il fréquente les gens du pays, qu'il cherche à pénétrer dans l'intérieur des familles ; qu'il fasse poser devant lui le Turc aux habitudes austères, à la probité rigide, à l'esprit dominateur, mais plein de charité et de rectitude ; l'Arménien fanatique et industrieux, intelligent et cupide ; le Grec actif et désordonné, aventureux et ami de l'ostentation ; le Juif d'Orient à la foi fervente, à l'instinct mercantile, aux préjuges indomptables ; le Franc qui résume en lui plusieurs types divers et qui forme le lien entre les Orientaux et les Européens ; un pareil examen fait avec attention et discernement fera connaître en peu de temps à l'étranger les différences morales qui distinguent les cinq groupes d'individus dont se compose la population de Stamboul.

Au surplus, ce qui nous console des restrictions que nous nous sommes imposées, c'est l'impossibilité où l'on est de rien écrire de complet sur Constantinople, en ce sens que tout ce que l'on peut dire a un caractère essentiellement passager. Au moral, le système progressif de Sultan-Mahmoud modifie incessamment la face de Constantinople ; sous le rapport matériel, les incendies en renouvellent, hélas ! trop fréquemment, la physionomie, de telle sorte que la description d'aujourd'hui peut demain n'être plus exacte. On se trouve dans l'alternative de dire trop ou de rester en-deçà de la réalité.

C'est pour éviter ce double inconvénient que nous avons négligé ici les détails trop actuels, nous bornant à indiquer au voyageur ce qu'il aura à visiter, et à lui désigner les objets qu'il est destiné à voir. Quant à la partie rétrospective, nous avons pu la traiter en toute sécurité, car en matière d'histoire on n'a pas à craindre de démenti si l'on a été fidèle à la vérité.

Cet ouvrage, qui servira de tablettes usuelles au voyageur, aura donc un caractère permanent d'utilité ; certains détails nécessaires aujourd'hui seront peut-être hors de propos dans quelques années, par suite de bouleversements imprévus qui donneront à Stamboul un aspect nouveau ; le temps amènera sans doute aussi quelques lacunes dans ce tableau esquissé à grands traits[1] ; mais le fond restera toujours neuf et vrai, quoi qu'il advienne.

(1) La valeur des monnaies sera par exemple plus d'une fois alté-

Nous avions besoin d'entrer dans ces considérations pour justifier la forme didactique, et, si l'on peut dire ainsi, toute démonstrative de cet opuscule ; et pour expliquer la concision qu'on aura peut-être remarquée dans certains passages qui prêtaient aux développements littéraires. Être utile, voilà ce que nous avons voulu avant et par-dessus tout ; pour cela il fallait se borner au rôle de *cicérone* que nous n'avons pas quitté une seule fois pour prendre celui d'écrivain.

rée, et tout ce qui aura été écrit sur ce point en 1838 se trouvera erroné. Des édifices, tels que le palais que le sultan fait contruire en ce moment à Béchik-Tach, et qu'il espère pouvoir habiter en 1839, s'élèveront dans la ville et dans les faubourgs ; mais le cadre général de ce *Guide du Voyageur* ne recevra aucune atteinte de ces changements.

BIBLIOGRAPHIE.

Voici l'indication de quelques ouvrages que le voyageur pourra consulter avec fruit pour compléter ses études sur Constantinople et la Turquie en général :

Histoire de l'Empire ottoman, par JOSEPH DE HAMMER.

Tableau de l'Empire ottoman, par MOURADJÉA D'OHSSON.

Constantinople et le Bosphore de Thrace, par le général AN-DRÉOSSY, ancien ambassadeur de France en Turquie.

Neuf années à Constantinople, par A. BRAYER.

Promenades pittoresques dans Constantinople et sur les rives du Bosphore, par C. PERTUSIER.

Coup d'œil sur les nations qui habitent Constantinople, article publié par la BIBLIOTHÈQUE UNIVERSELLE DE GENÈVE.

L'Egypte et la Turquie, par BREUVERY et CADALVÈNE.

Voyage en Orient, par LAMARTINE.

Histoire de la guerre de Mohammed-Ali contre la Porte ottomane en Syrie et en Asie-Mineure, par BARRAULT et CADALVÈNE.

Correspondance d'Orient, par MICHAUD et POUJOULAT.

La Turquie et ses ressources, par URQUHART.

Voyage en Orient, par MAC-FARLANE.

Enfin, OLIVIER, POUQUEVILLE, Robert THORNTON, HOBHOUSE,

CASTELLAN , ont publié sur la Turquie et sur l'Orient en général des ouvrages qu'on ne peut se dispenser de lire, lorsqu'on veut connaître à fond les mœurs et les institutions des peuples de ces contrées.

TABLE DES MATIÈRES.

Pages.

CONSTANTINOPLE.

FIN DE LA TABLE.

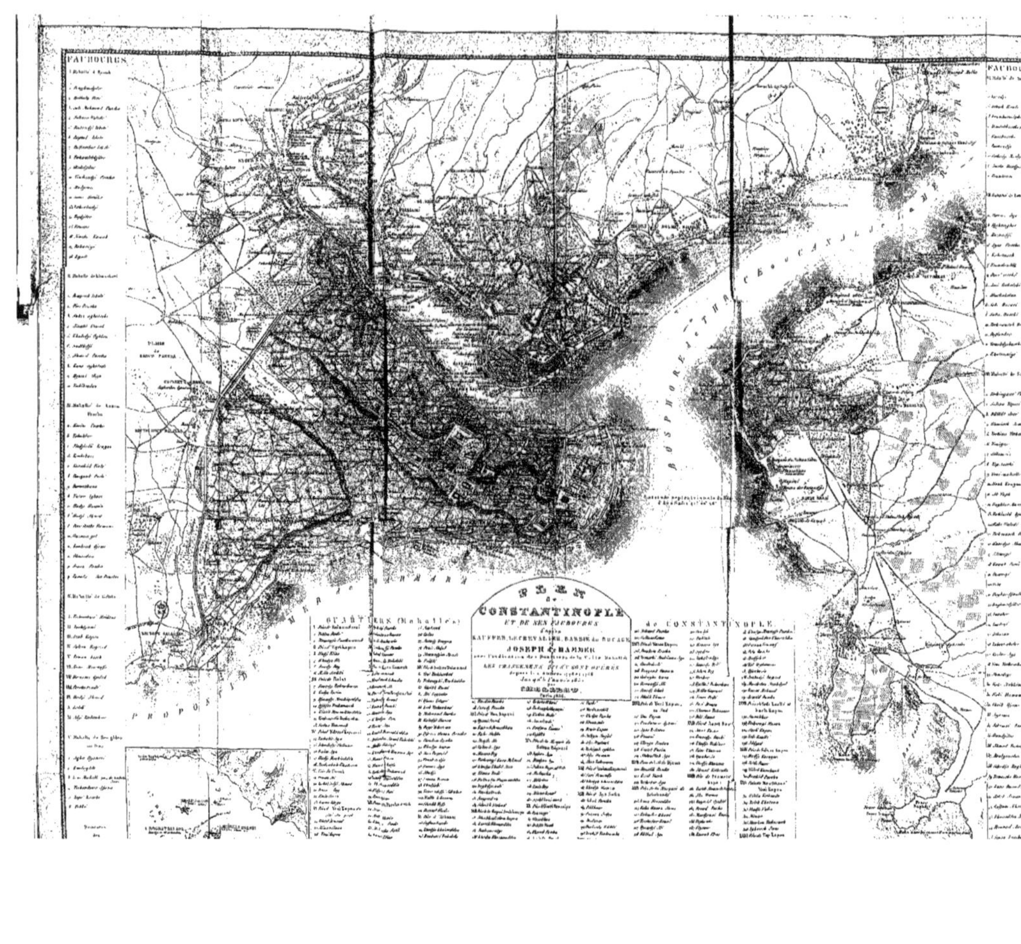

PLAN
de
CONSTANTINOPLE
ET DE SES FAUBOURGS
d'après
KAUFFER, LE CHEVALIER, BARBIE du BOCAGE
JOSEPH de HAMMER
Paris 1855.
FAUBOURGS

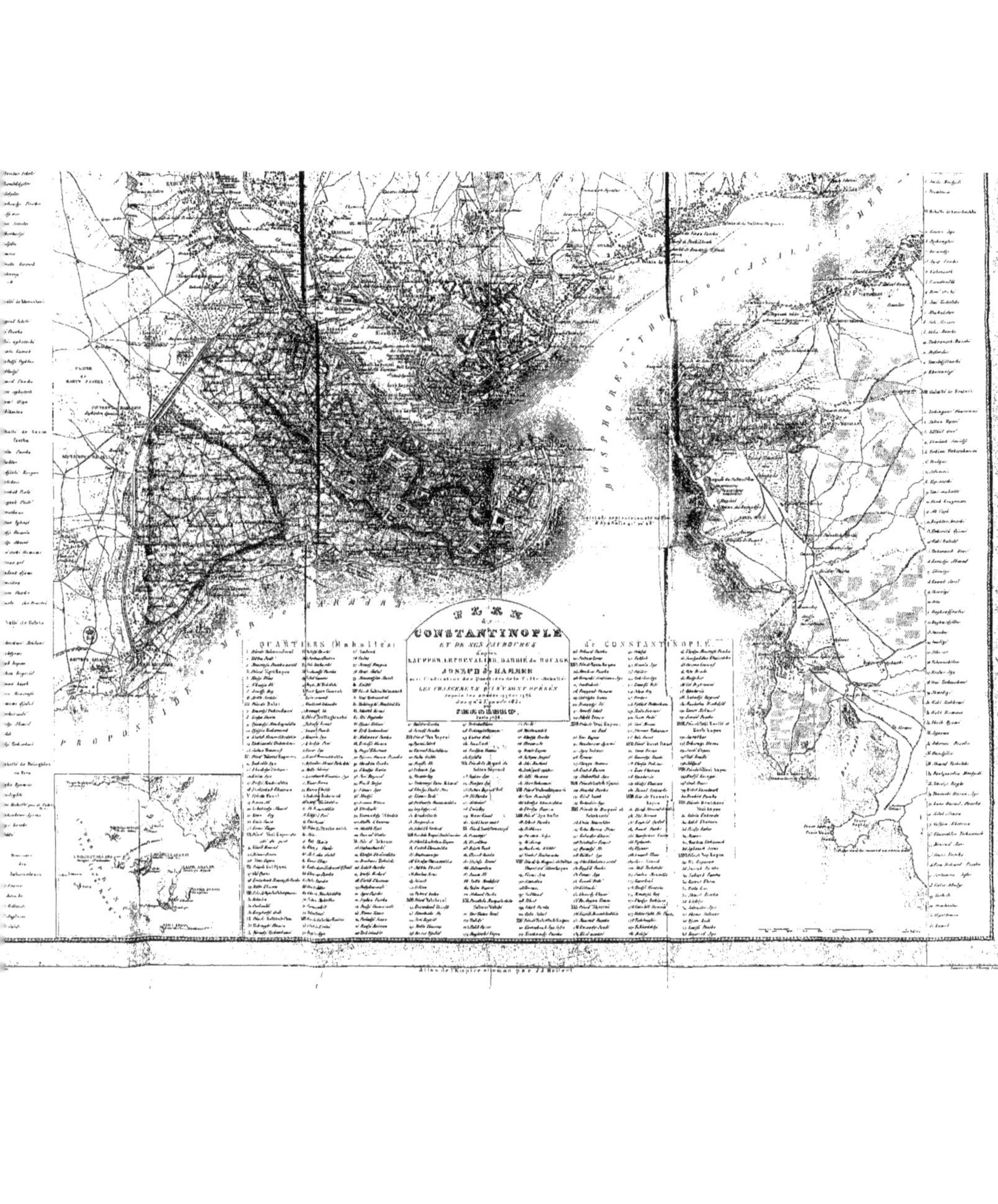

www.ingramcontent.com/pod-product-compliance
Ingram Content Group UK Ltd.
Pitfield, Milton Keynes, MK11 3LW, UK
UKHW020155130726
13696UKWH00002B/529